글쓴이·마그다 가르굴라코바 Magda Garguláková

체코 브르노 마사리크 대학교 예술학부에서 미술사를 전공했습니다. 2011년 브르노에 OFF/FORMAT 갤러리를 설립해 현대 젊은 예술가들의 진보적인 예술을 전시하고 홍보했습니다. 갤러리에서 큐레이터로 일하면서 운영 및 홍보 업무를 담당하면서 유망 작가들의 작품 카탈로그부터 전문가를 위한 도서, 미술 대중서까지 다양한 미술 서적을 편집하고 출판했습니다. B4U 출판사에서 어린 독자들을 위한 문학 편집자로도 활동하며 두 딸에게서 얻은 통찰력을 바탕으로 집필 작업을 하고 있습니다.

그린이·야쿠브 바초릭 Jakub Bachorík

체코슬로바키아 브라티슬라바-데빈에 거주하며 조각, 회화, 그래픽, 무대 디자인, 인테리어 디자인 등 다양한 예술 활동을 펼치고 있습니다. 체코뿐만 아니라 수많은 해외 전시에도 참여했습니다.

옮긴이·윤신영

연세대학교에서 도시공학과 생명공학을 전공하고 서울대 환경대학원에서 환경계획학을 공부했습니다. 동아사이언스에서 〈과학동아〉 기자와 편집장, 〈동아일보〉 과학 담당 등을 거쳤으며 생태전환잡지 〈바람과 물〉 편집위원, 미디어 플랫폼 얼룩소 에디터로 활동했고 과학잡지 〈에피〉 편집위원을 맡고 있습니다. 2009년 로드킬에 대한 기사로 미국과학진흥협회(AAAS) 과학언론상, 2020년 대한민국과학기자상을 수상했습니다. 지은 책으로 《사라져 가는 것들의 안부를 묻다》《인류의 기원》(공저) 등이 있고, 《사소한 것들의 과학》《왜 맛있을까》《빌트, 우리가 지어올린 모든 것들의 과학》《화석맨》《스마트 브레비티》《도시를 만드는 기술 이야기》 등을 우리말로 옮겼습니다.

다리

1판 1쇄 발행일 2025년 7월 31일
글 마그다 가르굴라코바 그린이 야쿠브 바초릭 옮긴이 윤신영
펴낸곳 (주)도서출판 북멘토 펴낸이 김태완
부대표 이은아 편집 김경란, 조정우 디자인 행복한물고기, 안상준
마케팅 강보람 경영기획 이재희
출판등록 제6-800호(2006. 6. 13)
주소 03990 서울시 마포구 월드컵북로 6길 69(연남동 567-11) IK빌딩 3층
전화 02-332-4885 팩스 02-6021-4885

- bookmentorbooks.co.kr
- bookmentorbooks@hanmail.net
- bookmentorbooks_
- blog.naver.com/bookmentorbook

- 잘못된 책은 바꾸어 드립니다.
- 이 책은 저작권법에 따라 보호를 받는 저작물이므로 무단 전재와 무단 복제를 금합니다.
- 이 책의 전부 또는 일부를 쓰려면 반드시 저작권자와 출판사의 허락을 받아야 합니다.
- 책값은 뒤표지에 있습니다.

ISBN 978-89-6319-655-8 77530

 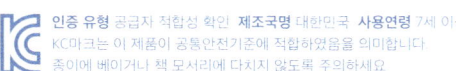

인증 유형 공급자 적합성 확인 제조국명 대한민국 사용연령 7세 이상
KC마크는 이 제품이 공통안전기준에 적합하였음을 의미합니다
종이에 베이거나 책 모서리에 다치지 않도록 주의하세요

일러두기

- 이 책에 실린 다리의 이름은 국립국어원 표준국어대사전에 표제어로 등재된 명칭을 우선하여 표기하되 그 외의 경우 백과사전에 등재된 표제어, 교량 전문 서적이나 단행본, 언론 기사에서 흔히 쓰여 대중들에게 친숙한 명칭을 기준으로 교량 이름을 표기했습니다.

다리

마그다 가르굴라코바 글 야쿠브 바초릭 그림 윤신영 옮김

북멘토

이 글을 읽는 독자께

이 책을 열면 위대한 모험이 기다리고 있습니다. 크고, 작고, 오래되고, 현대적이며, 평범하고 때로는 세계를 뒤집어 놓을 다양한 다리를 만날 수 있죠. 자, 이제 한 걸음 내딛어 다리를 건너 새로운 이야기를 만나러 가 봅시다. 준비되었나요?

어떻게 해결할까요?
다양한 형태의 다리 8
다리를 구분하는 여러 가지 특징 10
다리를 일컫는 다양한 이름들 17

최고의 다리들
길고, 높고, 유명하고, 특이한 다리들 20

역사
다리, 역사의 목격자 30

다리 건설 - 실전 편
다리를 지을 때 살펴야 할 것 43
실수가 알려준 귀중한 교훈 44
다리가 버티고 견뎌야 할 일들 45
다리가 무너지지 않으려면 46
좋은 다리가 되려면 47
다리를 만드는 사람들 48
유명한 다리 건축가들 50
아름다운 다리 장식 52
오래 안전하고 튼튼하게 유지하려면 52

다리와 문화
주인공이 된 다리 54
다리가 지니는 강력한 상징성 56
설화와 종교에 담긴 다리 58
역사를 움직인 다리 59
그 밖의 위대한 다리 60
세상의 다양한 브리지(다리)들 62

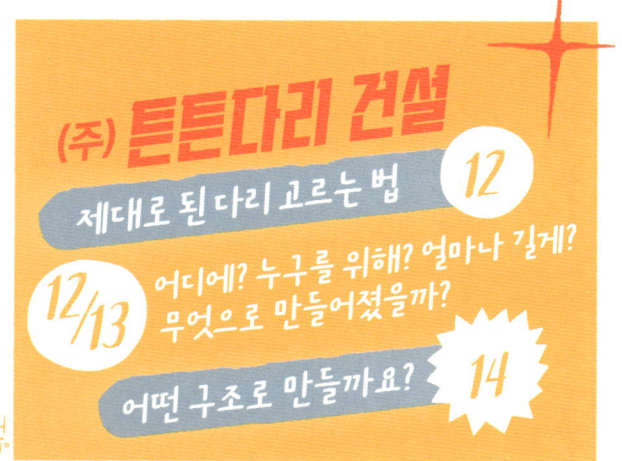

(주) **튼튼다리 건설**
제대로 된 다리 고르는 법 **12**
12/13 어디에? 누구를 위해? 얼마나 길게? 무엇으로 만들어졌을까?
어떤 구조로 만들까요? **14**

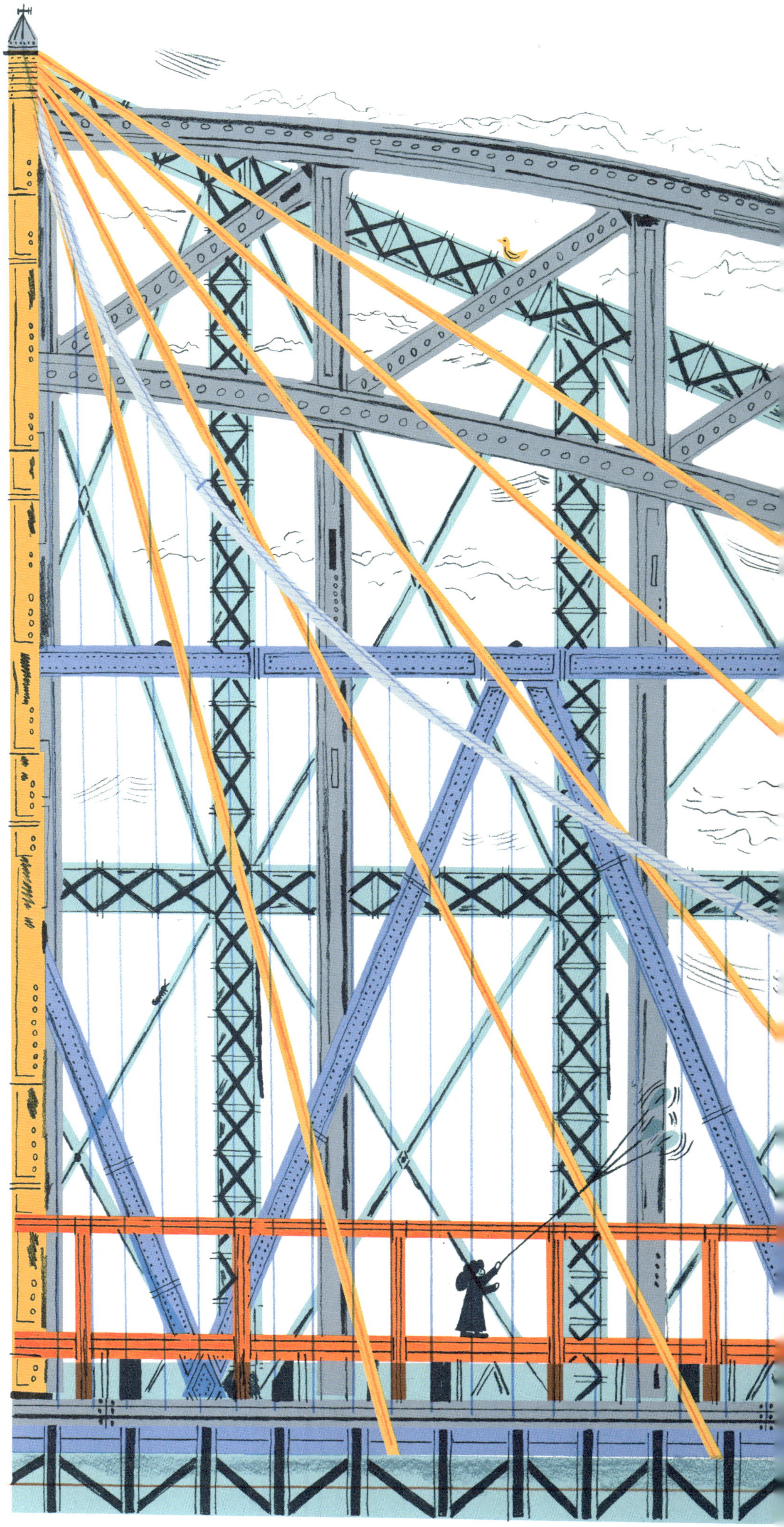

덧붙임

- 다리에 얽힌 기록들 19
- 미로찾기 28
- 프라하의 석재 다리 건설 34
- 브루클린 브리지에 얽힌 흥미진진한 이야기 38
- 그 밖의 위대한 다리 60
- 세상의 다양한 브리지(다리)들 62
- 스파게티 면으로 다리 만들기 대회 63
- 이 책에 나오는 다리들 64

↔ 먼 거리를 좁혀 주기도 합니다.

다리는 이렇게
다양한 방법으로 우릴 돕지요.

↕ 우리 시야도 넓혀 준답니다.

 풍경을 특별하게 만들기도 하고,

다양한 형태의 다리

다리를 구분하는 여러 가지 특징

어떤 대상의 이름을 알기 전에 먼저 해야 할 일이 있습니다. 그 대상이 어떤 역할을 어떻게 수행하는지 이해하는 것이지요. 우리는 어릴 때부터 다리가 왜 좋은지 경험으로 알 수 있습니다. 복잡한 설명을 할 필요가 없지요. 하지만 앞을 볼 수 없는 사람이나, 움푹 꺼진 지형 또는 장애물을 날아서 건널 수 있어 다리가 필요 없는 외계인에게 다리를 설명한다고 해 봅시다. 어떻게 설명하면 좋을까요?

다리의 특징들 그리고 우리가 다리를 구분하는 방법

연결한다.

장애물을 건너게 해 준다.

사람이 만든다.

빨리 가게 해 준다.

다리의 구성 요소

다리는 모양도 모두 다르고 개성도 제각각입니다. 하지만 공통점이 있지요. 바로 다리를 다리답게 만드는 공통적인 구조적 요소입니다. 이런 요소가 없다면 다리는 우리를 한쪽에서 다른 쪽으로 안전하게 이동시켜 주지 못합니다.

❶ 기초
견고한 고정 시설로, 보통 콘크리트로 만든다. 땅이 흔들려도 다리가 제자리에 있도록 튼튼하게 붙잡아 준다.

❷ 받침대(교대)
다리 끝부분을 지탱하고 가해지는 힘을 흡수한다.

❸ 지지대(교각)
다리를 지탱하는 기둥이다. 다리 아래쪽으로 작용하는 처지는 힘(장력)을 흡수한다.

❹ 주보
여러 요소로 구성된, 수평 지지 구조물이다.

❺ 상판(데크)
다양한 차량의 무게를 주보에 분산시킨다.

❻ 베어링
주보에 가해진 무게를 지지대로 전달해 준다. 재료가 수축하거나 주보가 기울어질 때 구조가 움직일 수 있도록 한다.

❼ 신축 이음과 다리 연결 부위 (클로저 조인트)
재료가 팽창하면 보가 움직여 충격을 흡수할 수 있도록, 다리 연결 부위(클로저 조인트)에 신축 이음을 설치한다.

❽ 부속품
레일, 충돌 방지 시설, 가로등, 배수구 등이 설치된다.

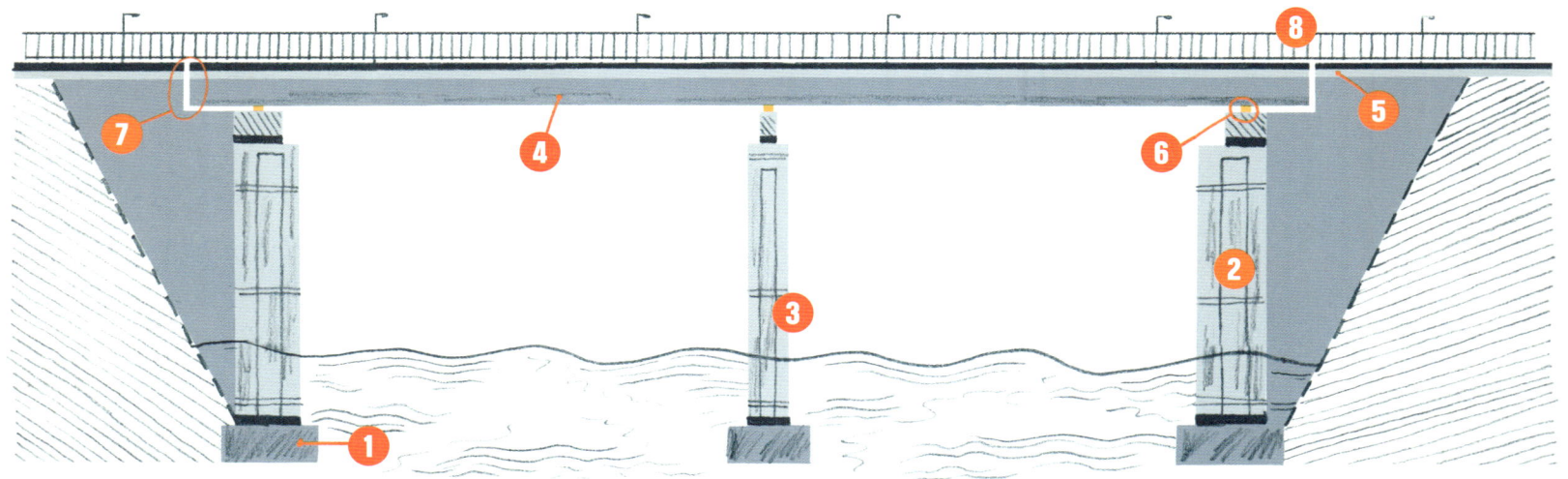

제대로 된 다리 고르는 법

크고 작은 다리가 있습니다. 아무도 제대로 신경 쓰지 않는 다리도 있지만, 역사에 길이 남은 다리도 있지요. 모양과 형식도 수백 가지입니다. 새로운 다리가 건설되면 마을과 시내, 도시가 바뀌고 활기도 생깁니다. 다리는 기능이 뛰어나고 외부 충격에도 잘 견뎌야 하며, 튼튼하고, 무엇보다 안전해야 합니다. 다리를 만드는 데 적합한 건설 회사를 선택하는 것이 가장 중요합니다. 저희 회사와 함께라면 수백 년은 견딜 다리를 만들 수 있습니다. 저희의 경험과 지식을 믿어 보세요!

어떤 크기든 맡겨만 주세요.

아직도 못 미더우시다고요? 저희 팀을 만나 보세요.

(주)튼튼다리 건설

튼튼하고 안전한 다리를 만들겠습니다!

다리를 선택하기 전에 아래 질문에 답해 보세요.

1 어떤 장애물을 지나야 하나요?

자연 지형		인공 지형	장애물 무관
계곡	넓은 물	길, 철도	장식용
좁은 물	갈라진 지형	건물, 집	그냥 다리를 만들고 싶어서
	우거진 수풀	파이프	

어떤 장애물인가에 따라 짓는 방법도 달라집니다!

2. 누구를, 무엇을 위한 다리인가요?

우리는 무엇이든 다리로 연결합니다.

보행자

자동차

동물

자동차 및 보행자

자전거

대중교통

열차

강, 바다, 호수

케이블

3. 다리 사이 거리는 얼마나 필요한가요?

180 cm

초소형 다리
1 – 2 m

단경간교
2 – 15 m

중경간교
15 – 75 m

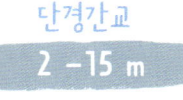

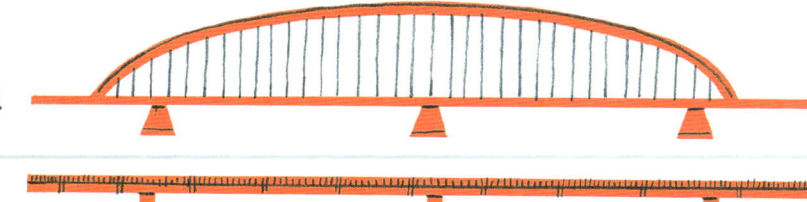

장경간교
75 – 1,000 m

초장경간교(초장대 교량)
1,001 m – 무한대 km

4. 어떤 재료를 선택할까요?

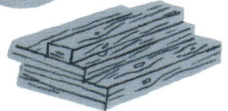     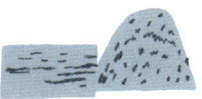

나무
- 싸고, 바로 이용할 수 있으며 가공하기 쉽다.
- 수명이 짧고 내구성이 낮다.
- 보행자와 자전거 이용자를 위한 작은 다리에 적합하다.

벽돌
- 싸고, 바로 이용할 수 있으며 아름다운 것이 특징이다.
- 수명이 짧다.
- 역사적인 건축물에 적합하다.

돌
- 무거운 것을 잘 지탱하고 외부 충격에 잘 견디며 튼튼하다.
- 보기에 아름답고 장식도 가능하다.
- 역사적 건축물을 수리할 때 좋다.

강철
- 무거운 것을 잘 지탱하고 튼튼하다.
- 가볍고 경간(교각 및 교대 사이의 거리)이 긴 경우 적합하다.
- 부식에 약하다.

콘크리트
- 무거운 것을 잘 지탱하고 충격에 잘 견디며 튼튼하다.
- 경간이 길어도 아주 큰 무게를 지탱할 수 있다.
- 철근 콘크리트, 프리스트레스트 콘크리트는 일반 콘크리트 성능을 개선한 기술이다.

보통 콘크리트

철근 콘크리트

프리스트레스트 콘크리트

어떤 구조로 만들까요?

구조를 고르는 일은 다리를 건설할 때 가장 중요합니다. 냉철한 생각이 필요하지요. 여러 구조가 있는데, 다 서로 특징이 다르고 어울리는 조건도 각각 다릅니다. 바람에 더 잘 견디는 구조도 있고 교각 사이 거리(경간)가 길 때 사용하기 좋은 구조도 있습니다. 보기에 아름다운 구조도 있고요. 다양한 다리 구조에 대해 한번 알아볼까요?

다양한 다리 모델들

형교(거더교)
둥하이 대교

가장 흔하고 단순하며 가장 오래된 교량 구조입니다. 교대(받침대)가 단순한 구조의 상판(실제로는 '거더'라고 불리는 보를 받치고 그 위에 상판이 올라가 있는 구조다. -옮긴이) 양쪽 끝을 받치고 있습니다. 짧은 거리를 연결하는 데 적합하지만, 최신 재료로 경간을 더 늘릴 수도 있습니다.

가장 저렴한 선택

트러스교
퀘벡교

트러스는 삼각형이 서로 연결된 채 쌓여 있는 구조를 말합니다. 트러스교는 무거운 무게를 잘 견디고 강하며 형태와 크기도 다양합니다.

가장 가벼운 구조

아치교
빅스비 크릭 다리 / 시드니 하버 브리지

매력적이고 충격에 잘 견디며 복잡한 구조로, 하나 또는 이어진 여러 개의 아치(활이나 무지개처럼 가운데가 높게 굽은 곡선형 구조)로 구성되어 있으며 널리 사용됩니다. 아치교의 형태는 상판에 연결된 아치가 위에 있는지, 아래에 있는지, 또는 가운데에 있는지에 따라 결정되죠. 짧은 다리와 긴 다리 모두에 다 적합합니다.

빅스비형

큰 무게도 끄떡없어요!

믿음직한 클래식

하버 브리지형

현수교
`금문교`

경간이 길 때 적합한 형태입니다. 탑에 고정된 채 매달린 두 개의 주 케이블이 상판의 무게를 지탱하죠. 이 케이블에서 강철 로프가 내려와 상판을 지지합니다. 넓은 구간을 연결할 때나 다리의 무게를 지탱할 기둥을 설치하기 어려운 곳에 적합합니다.

입증된 구조

사장교
`미요 대교`

가장 최근에 등장했지만 오늘날 널리 사용되는 구조입니다. 최소 한 개의 주탑이 세워지는데, 여기에서 나온 강철 줄(케이블)이 상판을 지탱합니다. 지지용 케이블의 배치법은 다양합니다. 경간이 긴 다리와 짧은 다리에 모두 사용할 수 있습니다.

케이블 배치법 차이 — 방사형 / 하프형

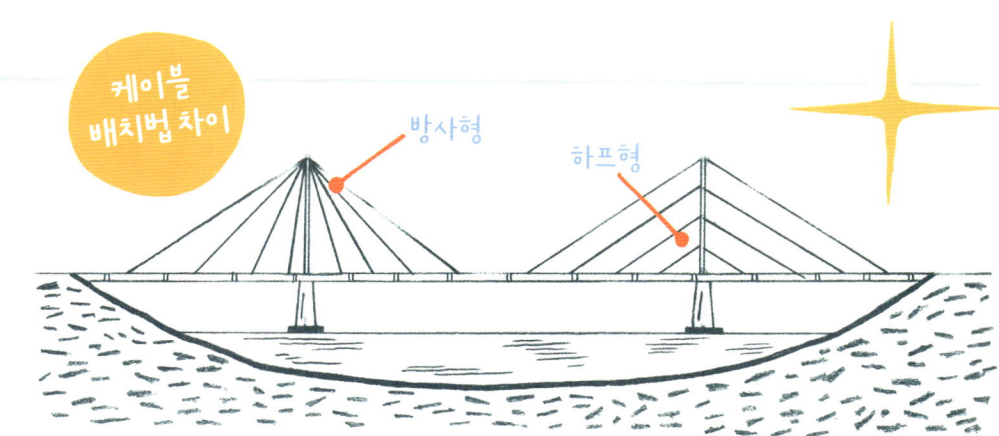

캔틸레버교
`포스교`

간단하고 안정적인 구조의 다리입니다. 캔틸레버(외팔보)는 한쪽 팔을 옆으로 뻗은 것처럼 수평으로 뻗은 상판의 한쪽 끝만 고정시켜 무게를 지탱합니다. 다리는 보통 세 부분의 상판으로 구성되는데, 바깥쪽 두 개는 제방에 고정되어 있고 고정되지 않은 두 상판 끝은 중앙 상판을 지탱합니다.

긴 거리도 문제없어요.

가동교
`게이츠헤드 밀레니엄 브리지`

유용하고 널리 사용되는 구조로, 다리 일부 또는 전체가 선박을 통행시키기 위해 움직입니다. 짧고 긴 다리에 모두 적용할 수 있습니다.

* 원래 수납교는 다리가 한쪽으로 밀려 들어가며 수납되는 구조다. 그림에 표현된 다리는 기둥을 따라 다리가 수직으로 오르내리는 다리로, 승개교라고 한다. —옮긴이

장관이죠!

이엽도개교 / 선회교 / 수납교*

하이브리드 다리
`브루클린 브리지`

여러 구조를 다양하게 조합한 복합 교량입니다. 조합하길 원한다면 전문가와의 상담이 필요합니다.

풍부한 선택지

전문가와의 무료 상담은 여기로 문의하세요.   튼튼다리@교량.COM

특별행사 님의 환영!

위기 상황인가?
다리가 무너졌는가?
새로운 다리가 필요해졌는가?

저희의 → **간이 다리를 써 보세요.**

설치하기 쉽고
원하는 곳에 만들 수 있어요.

단독행사

이 회사에서만 만날 수 있는 기회!

접이식 인도교
경간: 2~8미터
다루기 쉽고, 가벼운 재료로 만듭니다.
보관 박스와 실용적인 어깨끈으로 휴대가 간편합니다.

어디든 준비 완료!

상담이 필요하신가요?

간단한 해결책을 찾으세요?
독창적인 방법으로 저희가 해결해 드립니다!

저희 전문가 팀에게 연락해 보세요.

📱 999-123-456-789
✉ 튼튼다리 @ 교량.COM
🌐 www.튼튼다리.com

✂ 절취선 -----------------

자유롭게 문의하세요!

#품질 **1위** 다리 건설

(빠른 구매시 3.61% 할인)

모델명	목적	방해물	거리	재료	필요한 시간	의견
둥하이 대교						
퀘벡교						
금문교						
빅스비 크릭다리						
시드니 하버 브리지						
미요대교						
게이츠헤드 밀레니엄 브리지						
포스교						
브루클린 브리지						

칭찬잣습니다! 고객 만족도 1위

다리를 일컫는 다양한 이름들

다리는 다리죠. 우리가 다리라고 말할 때 모든 사람이 그게 무슨 뜻인지 압니다. 하지만 다리를 부르는 다른 이름도 있습니다. 사전에서 찾아보면 꽤 다양한 이름을 발견할 수 있습니다. 다리는 형태와 크기가 다르고 사용하는 곳도 다양합니다. 하지만 모두 '다리'라고 불러도 괜찮으니 안심하세요.

고가 도로

땅 위에 건설된 다리로 기둥을 지탱한다. 다리를 짓기 너무 복잡한 지형에서 이용한다.

보이나요? 고가 도로는 부두처럼 생겼어요.

수로

물을 운송하는 다리이다.

로마 시민들은 이 다리로 물을 공급받았지!

우리 로마인들은 참 대단했어!

인도교

보행자(와 자전거 이용자)가 이용하는 작은 다리. 전망을 감상하는 장소가 되기도 하고, 건물을 이어 주기도 한다.

육교

보행자와 자전거 이용자, 자동차, 열차를 위한 다리이다.

'육교'를 의미하는 영어 'viaduct'의 'via'는 라틴어로 '길'이란 뜻이죠.

야생 동물 생태 다리

교통량이 많은 도로나 다른 장애물 위에 건설하며, 야생 동물이 지나다닐 수 있도록 만든 연결 다리다.

운반교

연락선이 매달려 있어 한쪽 끝에서 반대쪽 끝으로 승객이나 자동차, 화물을 이동시켜 주는 다리다.

우리는 멸종 위기종이에요. 아주 일부만 남아 있죠.

여기에 없는 다리도 있지요……

62 쪽을 펼쳐 보세요.

17

세상엔 다리가 참 많다!

다리에 얽힌 기록들*

'다리의 도시'로 불리는 곳
미국 피츠버그

다리에서 길 잃기 딱 좋은 곳
이탈리아 베네치아

사진을 가장 많이 찍힌 다리
미국 금문교

통행량이 가장 많은 다리
미국 뉴욕 조지 워싱턴 다리

가장 큰 벽돌 다리
독일 푀틀란트 괼츠슈탈 다리

도시의 다리 수

상트페테르부르크	342
베네치아	435
피츠버그	446
암스테르담	1753
뉴욕	2027
함부르크	2428
충칭	14000

강의 다리 수

아마존강	0
라인강	102
블타바강	107
다뉴브강	133
미시시피강	142
양쯔강	160
템스강	214

* 통계에는 한 가지 단점이 있어요. 변동 가능성이 많아 활용에 제약이 있다는 거죠. 참고용으로만 봐 주세요.

** 다리 수를 정확히 세는 일은 어려워요. 무엇을 정확히 다리로 보아야 할지 판단하기 어려울 수도 있거든요.

자, 이제 '최고의' 다리들을 알아볼까요?

긴 다리

길이 164km
연도 2011

하틀랜드 다리
하틀랜드(캐나다)

길이 391m **연도** 1901

세인트존강을 덮은 이 거대한 다리는 1922년까지 지붕이 없었습니다. 하지만 지붕이 생기면서 세계에서 가장 긴 유개교가 됐죠. 덕분에 우리의 축하를 받고, 이렇게 책에서도 만나게 되었네요!

지붕이 있는 다리 (유개교)

길이 575m **높이** 77m **연도** 2013

자크 샤방 델마스 다리
보르도(프랑스)

다리 가운데가 수면으로부터 무려 60m나 올라가는 승개교입니다. 올라가는 다리 부분 무게가 2,500톤인데 11분 만에 올라갈 수 있지요.

길이 2,460m **높이** 343m **연도** 2004

단쿤터 대교
장쑤성(중국)

세계에서 가장 긴 다리는 얼마나 길까요?
5km? 10km? 놀라지 마세요. 무려 164km입니다.
중국의 상하이와 난징 사이를 오가는 고속 열차가
이 다리를 지나가죠. 이 다리의 기록을 깰 수
있을까요?

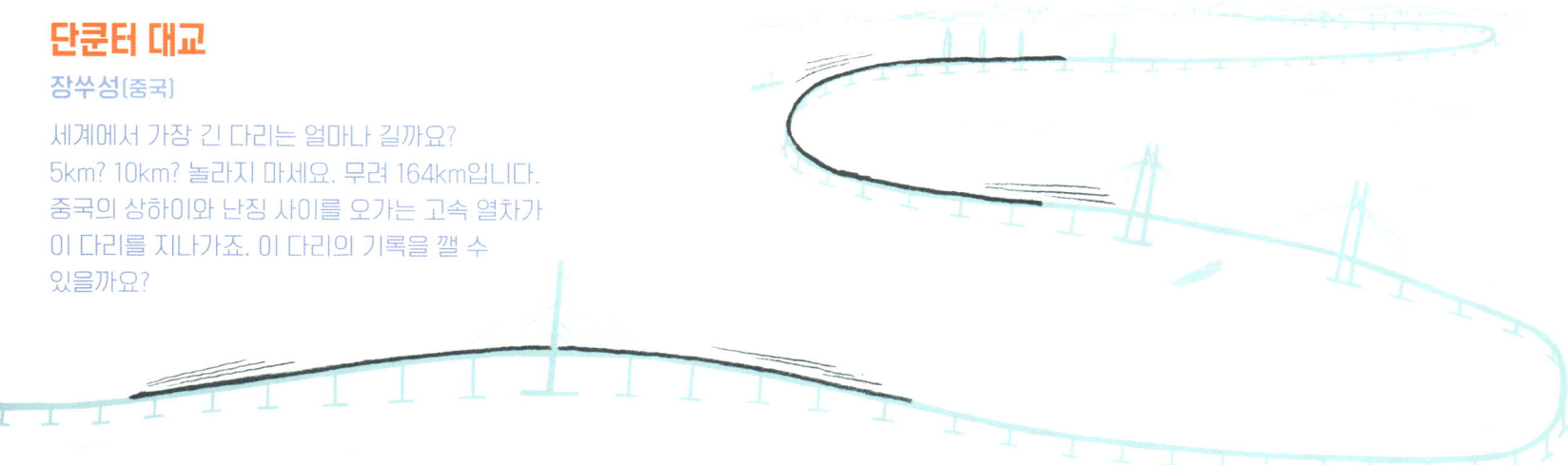

움직이는 다리 (가동교)

길이 126m
높이 50m
연도 2001

밀레니엄 브리지
게이츠헤드(영국)

많은 관광객이 이 다리를 보러 게이츠헤드로 갑니다. 밀레니엄 브리지는
독특한 형태로 기울어진 구조 때문에 '깜빡이는 눈' 다리로도 불리지요.
보행자와 자전거 이용자가 사용하지만, 다리 아래로 배가 지나가면
전기로 움직이는 엔진 여덟 개가 다리를 위로 열어젖힙니다. 4분 30초
만에 열리는 다리 모습이 장관이지요.

전접교
런던(영국)

길이 12m
연도 2004

줄어들었다 늘어났다 하는 이 다리는 마치 아르마딜로처럼
스스로 돌돌 마는데, 굉장히 볼 만하지요. 다리가 말리는 데
드는 시간은 고작 4분입니다.

높은 다리

미요 대교
미요(프랑스)

유럽에서 가장 높은 이 다리는 현대 건축의 경이로움을 보여 줍니다.
굉장히 높지만, 다리가 지닌 우아함을 방해하지 않고 오히려 돋보이게
하지요. 프랑스의 기술자 미셸 비로고와 영국 건축가 노먼 포스터가
설계한 이 다리는 높이가 다른 일곱 개의 주탑으로 이루어져 있는데,
가장 높은 곳이 에펠탑보다 더 높습니다.

두거 베이판장 대교
쉬안웨이(중국)

길이 1,341m
높이 581m
연도 2016

현재 세계에서 가장 높은 다리입니다. 중국의
아름다운 산악 지역에 지어졌으며, 베이판강 계곡
565m 지점에 위치해 있습니다.

스타리 모스트(올드브리지)
모스타르(보스니아헤르체고비나)

16세기에 건설된 이 다리는 모스타르 지역의 자부심이자 기쁨입니다. 1993년 보스니아 내전 때 무너져 큰 충격을 안겼지만 모스타르 지역에서 나는 돌을 이용해 16세기 기술로 다시 지어지면서 희망의 상징이 되었습니다.

길이 29m **높이** 24m **연도** 16세기(2004년 다시 지음)

길이 1,834m **높이** 84m **연도** 1883

가르교
님(프랑스)

세계에서 가장 유명한 수로교로, 고대 로마 제국의 뛰어난 다리 건설 기술을 보여 줍니다. 프랑스 남부 도시 님으로 물을 이동시키며, 18세기에 이미 관광 명소로 자리 잡았지요. 웅장한 아치는 귀족과 왕족 모두를 매료시켰습니다.

길이 275m **높이** 49m **연도** 60

유명한 다리

길이 244m **높이** 65m **연도** 1894

타워 브리지
런던(영국)

타워 브리지와 런던은 샴쌍둥이 같습니다. 이 독특한 현수교는 가운데 부분이 위로 들리는데, 그 모습이 장관이라 관광객이 모여들지요. 런던에서는 행주나 키링, 머그잔 같은 소품에서도 타워 브리지 모습을 만날 수 있습니다.

하버 브리지
시드니(오스트레일리아)

8차선의 자동차 전용 도로와 두 개의 철로, 보행자 전용 도로, 자전거 도로를 갖춘 매우 큰 다리입니다. 다리의 유일한 아치는 무려 503m에 걸쳐 있으며, '옷걸이'라는 별명으로 불립니다.

길이 1,150m **높이** 134m **연도** 1932

리알토 다리
베네치아(이탈리아)

이 다리는 많은 사람이 모여 있어서 건너기조차 어렵습니다. 왜 사람이 이렇게 많이 모여 있는지는 금방 이해할 수 있습니다. 대운하의 모습이 무척 아름답기 때문이지요. 관광객들은 모두 이 유명한 흰 다리 꼭대기에서 아름다운 운하를 사진에 담습니다.

길이 48m **높이** 7.5m **연도** 1591

브루클린 브리지
뉴욕(미국)

브루클린 브리지를 가 보지 않았다면 뉴욕을 여행했다고 할 수 없죠! 미국에서 가장 오래된 현수교에 속합니다. 다리를 건설한 사람들의 위대한 결정과 전망 덕분에, 브루클린 브리지는 도시의 경계를 넓혀 주었습니다.

길이 120m(남은 부분) **연도** 1185

생베네제 다리
아비뇽(프랑스)

프랑스의 유명한 민요 <아비뇽 다리 위에서> 노래에 등장하는 다리입니다. 다리 길이가 900미터에 달했지만 지금은 120미터 정도만 남아 있지요. 홍수로 다리가 자꾸 무너지자 아비뇽 시에서는 다리를 더는 고치지 않기로 했습니다. 지금은 아치 네 개만 남아 있지만 다리가 온전했을 때보다 오히려 더욱 유명해졌습니다.

길이 2727m **높이** 227m **연도** 1937

베키오 다리
피렌체(이탈리아)

예술로 유명한 도시 피렌체는 독특한 건물도 가득합니다. 베키오 다리는 모양과 색, 높이가 각양각색인 집들이 다리 위에 늘어서 있습니다. 이곳은 대장간과 보석 가게가 많아서 '대장장이 다리'라고도 불립니다. 시청과 피티 궁전을 연결하는 바사리 회랑이 이들 건물을 덮고 있지요. 16세기 피렌체의 통치자였던 코시모 데 메디치가, 서민들이 걷는 다리와 거리를 함께 사용하지 않겠다며 회랑을 지었다고 합니다.

길이 95m **연도** 1345

금문교(골든게이트교)
샌프란시스코(미국)

모르는 사람이 드문 이 거대한 다리는 하나의 상징이 되었습니다. 폭풍이 잦은 샌프란시스코만에 있다 보니 자주 안개에 휩싸이지요. 사진가와 영화 제작자, 낭만주의자를 위한 다리지만, 이곳에서 스스로 목숨을 끊는 사람도 많다고 합니다.

카를교
프라하(체코 공화국)

카를교는 오랜 세월 프라하를 지켜 온 다리로, 수많은 관광객이 카를교를 보거나 건너기 위해 프라하를 방문합니다. 다리를 튼튼하게 짓기 위해 모르타르(회나 시멘트에 모래를 섞고 물로 갠 것으로, 시간이 지나면 단단해진다.)에 달걀을 넣었다는 재미있는 이야기가 전해집니다.

길이 516 m **높이** 13 m **연도** 1402

길이 250m **높이** 140m **연도** 1992

알라미요 다리
세비야(에스파냐)

하프 모양 다리가 가능할까요? 가벼움, 우아함, 단순함…… 이것이 모두 이 아름다운 알라미요 다리에 담겨 있습니다. 세계 각지에 다리를 건설한 유명한 건축가 산티아고 칼라트라바가 이 다리를 설계했습니다.

악마의 다리
크롬라우(독일)

이 다리는 동화나 영화에서 튀어나온 것처럼 아름답습니다. 물에 비친 다리 모습부터 진달래 가득한 공원까지 다리와 풍경이 어우러진 모습이 몹시 아름다워서, 악마에게 영혼을 팔아 이 완벽한 현무암 다리를 만들었다는 전설이 전해집니다. 오늘날 방문객은 이 다리 위를 걸을 수는 없습니다.

길이 20m **연도** 1866

길이 2,529m **높이** 46m **연도** 1890

포스교
에든버러(스코틀랜드)

붉은색 표면이 인상적인 이 철교는 경이로운 토목 공학 기술을 보여 주는 다리로 손꼽힙니다. 800만 개의 리벳(금속판을 이어 붙이는 데 쓰이는 굵은 못)으로 단단히 고정돼 있으며, 포스만의 강한 바닷바람에 실려 온 소금기 때문에 녹이 생기지 않도록 정기적으로 도료를 다시 칠해 주어야 합니다.

아름다운 다리

길이 678m **높이** 150m **연도** 1980

간터교
브리그(스위스)

토목 기술자 크리스찬 멘이 설계한 이 철근 콘크리트 다리는 멋진 풍경에 어울리도록 아름답게 지어졌습니다. 콘크리트 탑에 장착한 케이블 스테이(강도가 약한 부분에 보강하는 기둥이나 철골 등)가 독특한 기하학적 문양을 이루며, 매우 얇은 상판의 무게를 지탱하지요.

길이 28m
높이 35m
연도 2002

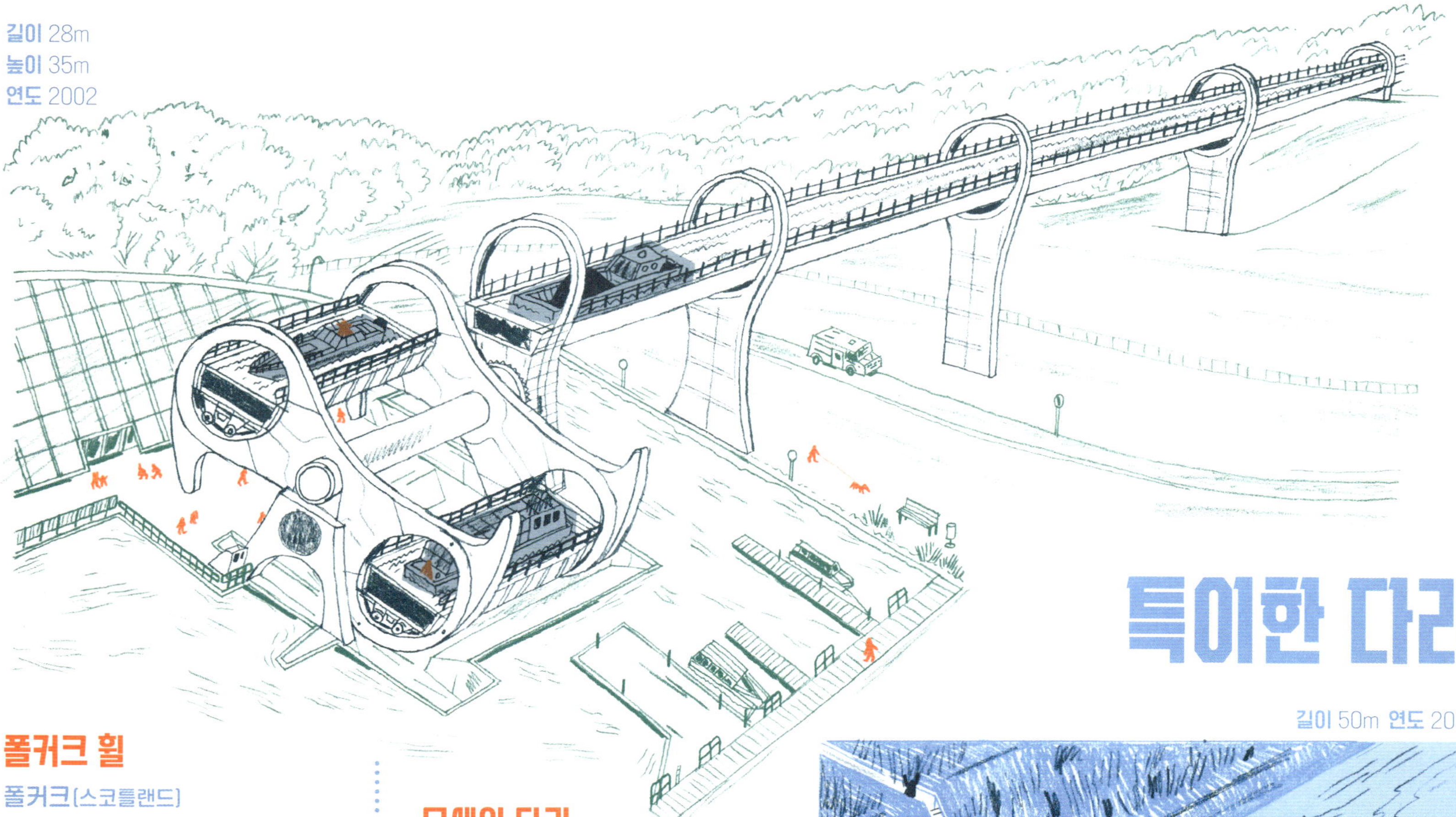

특이한 다리

길이 50m 연도 2010

폴커크 휠
폴커크(스코틀랜드)

배를 들어 올려 이동시키는 승강기용 다리입니다. 포스앤클라이드 운하와 이보다 35미터 높은 곳에 위치한 유니언 운하를 연결해 배를 훨씬 쉽게 이동시킬 수 있지요. 이전에는 선박이 갑문 열한 개를 통과해야 했지만 요즘은 24미터 높이 차이가 나는 수로 한 곳과 승강기 하나로 이동할 수 있게 되었습니다.

모세의 다리
할스테렌(네덜란드)

물에 빠지지 않고 걸어서 강을 건널 수 있을까요? 모세(유대교의 종교 지도자로, 성서에서 이스라엘 민족이 이집트에서 탈출할 때 홍해를 가른 기적을 보였다.)가 될 필요는 없습니다. 네덜란드에 가서 이 다리를 건너면 되니까요!

위험한 다리

후사이니 다리
후사이니(파키스탄)

세상에는 위험하고 제대로 관리되지 않는 다리가 많습니다. 그런데 위험하다는 사실 때문에 관광객을 더 많이 끄는 다리가 있습니다. 후사이니 다리는 빠르게 흐르는 훈자강 위로 나무판 472개가 놓여 있습니다. 실제로 가 보면 나무판 수는 더 적고 다리는 아주 심하게 흔들립니다. 위험하기 때문에 한 번에 최대 일곱 명까지만 건너는 것이 좋습니다. 용감하게 도전해 볼 사람 있나요?

길이 201m 높이 15~30m
연도 1966~1977

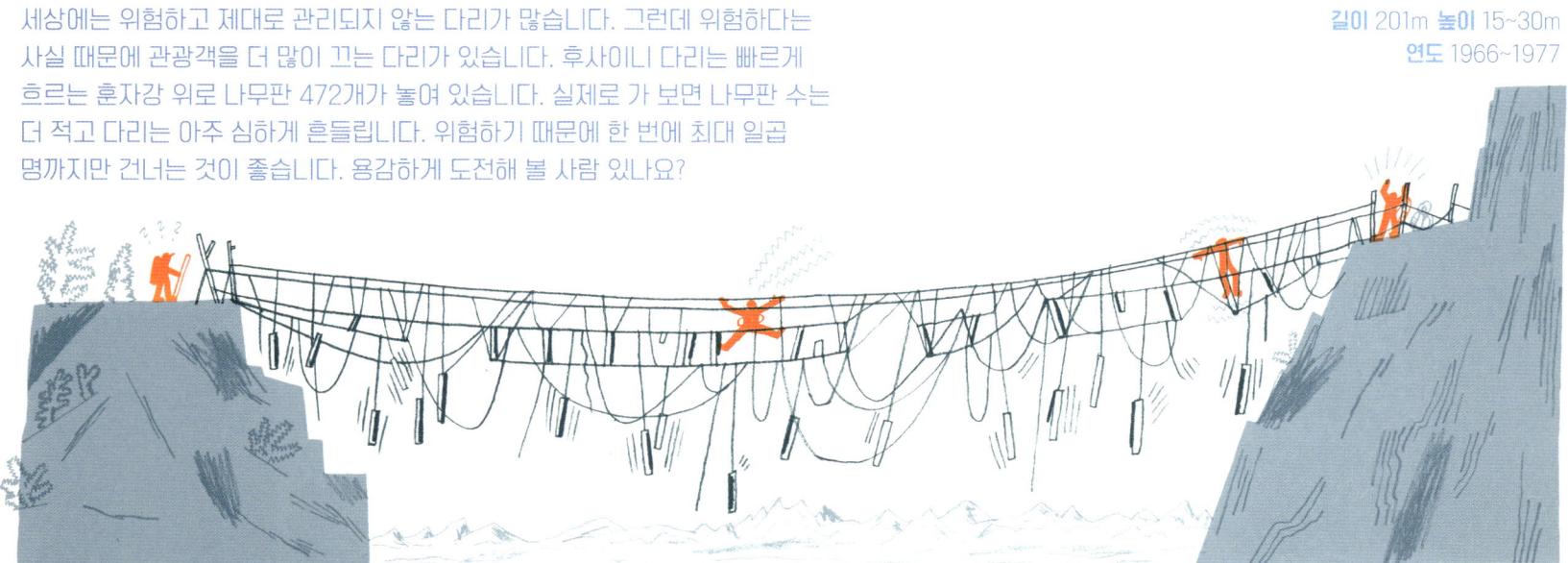

그 밖의 위대한 다리

라구나 가르손 다리
말도나도주 – 로차주(우루과이)

원형 다리라니, 그런 다리가 정말 있을까요?
세상에는 흥미로운 다리가 얼마든지 있답니다.

길이 202m **연도** 2015

외레순 다리
코펜하겐(덴마크) – 말뫼(스웨덴)

두 나라 사이 국경에 놓인 다리 가운데 가장 길고 대담한 다리입니다. 덴마크와 스웨덴 사이를 자동차 도로로 연결하지요. 아래로는 철길이 놓여 있으며 카메라 256대가 항상 다리를 감시하고 있습니다. 바다 깊은 곳에 세워진 51개의 교대(다리받침 기둥)에는 해양 식물과 갑각류가 살고 있습니다.

길이 7,845m **높이** 57m **연도** 2000

에시마 대교
마쓰에(일본)

세계에서 가장 가파른 다리입니다. 바로 아래에서 볼 때보다 멀리서 볼 때 더 무서워 보인다는 특징이 있지요.

길이 1,700m **높이** 44m **연도** 2004

청양풍우교
청양(중국)

청양풍우교는 석교의 상판 위에 못을 전혀 쓰지 않은 목재 건축물이 세워져 있습니다. 청양풍우교는 다리이자 중국식 정자인 동시에 베란다이기도 하지요. 습하고 안개 자욱한 숲의 매혹적인 풍광을 볼 수 있는 꿈의 휴양지랍니다.

카펠교
루체른(스위스)

카펠교는 유럽에서 가장 오래된 다리로 독특한 삼각형 그림이 장식되어 있습니다. 1993년 화재로 다리 대부분이 사라질 뻔했지만, 다행히 빠르게 복원되었지요.

길이 205m **높이** 1333m **복원** 1994

우 베인 다리
아마라푸라(미얀마)

길이 1,200m **높이** 다양함 **연도** 1850

우 베인 다리는 지금까지 남아 있는 티크 나무 다리 가운데 가장 오래되고 긴 다리로, 1850년에 세워졌습니다. 티크 나무는 변덕스러운 날씨와 곰팡이, 해충의 공격에 잘 견디는 특성이 있지요. 사람이 북적이고 난간이 없어서 자전거를 탄 사람과 어린이, 승려들 사이를 주의해서 건너야 합니다.

길이 1,756m 연도 2000

시오세폴 다리
이스파한(이란)

길이 298m **연도** 1602

자얀데 루드강에 놓인 가장 길고 아름다운 다리로 아치형 교각이 서른세 개 있습니다. 아치는 강의 흐름을 가지런하게 하고 댐처럼 강물을 가두는 역할도 하지요. 이 다리는 밤에 달빛과 조명으로 빛날 때 가장 아름다워서 마치 동화에 나오는 다리 같습니다.

로터스 대교
마카오(중국)

운전할 때 우측통행하다 좌측통행으로 자연스럽게 바꾸려면 어떻게 해야 할까요? 좌측통행하는 마카오에서 우측통행하는 중국으로 건너갈 때, 로터스 다리를 이용하면 좌·우측 통행을 자연스럽게 바꿀 수 있습니다. 아주 기발하지요!

길이 65m 높이 10m 연도 1916

당신만의 **다리**를 그려 여기 붙여 보세요.

케슈아차카 다리
우인치리(페루)

길이 30m **높이** 28m
연도 매년 새로 만들어짐

수제 밧줄로 만든 다리로, 잉카 시대부터 현재 자리에 놓인 다리입니다. 물론 다리 전체가 당시 모습 그대로는 아니며, 지역 주민들이 계속 다리를 보수하지요. 여자들이 풀을 준비해 남자들에게 건네면, 남자들이 오래된 다리를 바다에 던지고 사흘 뒤 새 다리를 짓습니다. 근처에 현대적인 인도교가 세워졌지만, 이 의식은 여전히 매년 거행되고 있습니다.

다리, 역사의 목격자

다리가 없어서 도달할 수 없는 세상이라니, 지금은 상상도 못 할 일입니다. 하지만 오랫동안 다리는 그렇게 흔하지 않았습니다. 다리가 생긴 뒤에도 초기에는 변화가 아주 느렸지요. 사람들은 지식을 습득하고 새로운 사실을 발견했습니다. 비록 실망할 때도 있었지만, 더 나은 방법을 찾기 위해 계속 노력했지요. 사람들은 끈질기고 창의적이었습니다. 다리를 통해 영토를 확장하고, 마을과 도시를 개발해 성장시키기도 했지요. 기술 발전과 새로운 재료 덕분에 다리는 더 높아지고 더욱 길어졌습니다. 많은 사람이 중요한 사건을 목격했고, 자신들을 둘러싼 세상이 변하는 모습을 지켜보았습니다. 그리고……

처음부터 제대로 다시
시작

새 다리를 개통하는 일은 언제나 중요한 행사였어요.

도시 + 다리 = 큰 도시

시대가 변해도, 다리는 변함없이 그 자리에 있었지요.

야생에서 유일한 다리는…
…자연적으로 만들어진 다리뿐이었어요.

바로 이거구나!
자연이 인류에게 방법을 알려 주었지요.

말뚝 다리 나무로 만든 말뚝 다리.

인류는 근처에서 손쉽게 구한 재료로 다리를 만들었어요.

밧줄 다리 풀과 식물을 엮어 만든 밧줄 다리.

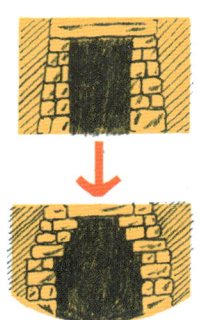
아치!!

아치 아치는 새로운 가능성을 열어 준 발명이었어요. 아치로 건축물을 더 튼튼하고 크게 만들 수 있게 되었지요.

돌다리 튼튼하고, 외부 힘에 잘 견디며, 언제든 얻을 수 있는 재료로 만든 돌다리. 19세기까지 널리 만들었어요.

기원전 1300년~1190년
아르카디코 다리(그리스), **남아 있는 세계에서 가장 오래된 다리**

기원전 1000년
타르 다리 (영국)

아버지, 다르다넬스 해협이 초라하게 느껴질 것입니다……
크세르크세스 1세

기원전 482년
배다리(부교) 페르시아 왕 다리우스와 크세르크세스가 만든 배다리(부교)는 길이와 대담성으로 역사에 기록되었어요.

역사가 헤로도토스가 기록한 도시, 바빌론

고대 로마

최고 신관

다리를 신성시했던 로마인들은 대신관(사제)들이 다리 건설을 감독했어요.

로마인의 건축물은 생석회와 화산재, 그리고 바닷물로 만든 **로마 콘크리트** 덕분에 아주 오랜 시간을 견딜 수 있었어요.

아치는 늪지대 위에 세운 **단단한 돌기둥**과 나무로 만든 틀을 이용해 만들었어요.

- 우리는 석조 기둥을 만들 수 있지.
- 아치도 만들 수 있어.
- 철도 다룰 줄 알아.

에트루리아인

- 옷만 잘 입는 게 아니라, 건설도 할 수 있다니!

로마인

전 10권

기원전 30년

비트루비우스가 건축에 대한 책을 썼어요.

그리스인과 에트루리아인에게 기술을 배운 로마인들은 고대의 가장 위대한 제국을 건설했어요.

혁신의 귀재 로마인

105년

다뉴브강에 놓인 **트라야누스 다리**. 길이가 1,135m로, 당시 **가장 긴 다리**였어요.

기원전 55년

- 네게 열흘의 시간을 주겠다!

율리우스 카이사르

라인강의 카이사르 다리

430m 길이 다리를 불과 열흘 만에 지었어요. 놀라운 기술이었지요!

로마 황제는 **제국 전체**에 다리를 지었어요.

117년

수로교는 먼 곳에서 도시로 물을 나르는 다리예요. 여러 층으로 지어졌으며, 미세하게 경사가 있지요. 돌이나 벽돌로 만든 웅대한 아치로 구성돼요.

로마의 수원지

수로교

중세 시대

476년

서로마 제국 멸망 유럽은 쇠퇴기에 들어섰고 로마 시대의 위대한 유산을 재발견하는 데 시간이 걸렸어요.

동로마(비잔틴) 제국의 발전을 방해하는 세력이 없었고, 위대한 다리를 지을 수 있었어요.

605년

중국 안지 대교 현존하는 세계에서 가장 오래된 아치교예요.

로마 다리는 붕괴되었고, 해체되어 건축 재료가 되었어요. 새로 지어진 다리는 거의 없었지요.

영토 확장은 이제 충분히 했다. 제대로 된 다리를 짓도록 하라.

800년
카롤루스 대제가 다리의 중요성을 다시 강조했어요.

다리의 조건

-  지탱 능력이 뛰어난 재료를 쓸 것
-  충분히 넓을 것
- 기초를 튼튼히 할 것
- 유지·보수를 잘할 것
- 난간과 탑을 설치할 것

818년
프랑스 국왕 루이 14세의 **다리 건설 법규와 원칙**

아비뇽의 **다리 건설 형제단**이 유럽 전역에서 활발히 다리를 건설했어요.

돌은 모르타르 와 생석회 그리고 강철 끈 으로 서로 단단히 결합해 있어요.

구 런던교는 수백 년 동안 템스강에 지어진 유일한 돌다리였어요.

1209년
세월이 흐르는 동안 점점 더 많은 건물을 그 위에 지었고, 너무 무거워진 나머지 다리가 부서지는 등 몹시 위험해졌어요.

1298년

마르코 폴로가 세계 여행을 했고, 아시아의 삶을 유럽에 처음 소개했어요.

33

프라하의 석재 다리 건설

1357년

신성 로마 제국의 황제이자 보헤미아의 왕이었던 카를 4세가 블타바강에 다리를 건설하도록 명령했어요.

이 다리는 홍수로 심하게 손상된 옛 유디스 다리 근처에 지어졌어요. 돌을 깨고, 자재를 묶고, 계획을 세우는 등 15년 동안 준비 과정을 거쳐 다리 건설을 시작했지요.

건설 작업은 가장 복잡한 부분인 지지 기둥을 세우는 일부터 시작했어요. 기둥을 세우기 위해 우선 말뚝을 여러 줄 세워 구덩이를 만든 뒤 안에 점토를 채웠어요. 구덩이가 완성되면 물레방아를 이용해 움직이는 펌프로 물을 빼냈고, 이렇게 만들어진 공간에 교각의 기초를 놓았어요.

하부 바닥은 나뭇더미를 격자 모양으로 둬서 보강했고 둥근 바위로 무게를 더했어요.

그곳에 기둥을 세워요.

두 개 이상의 기둥을 세운 뒤, 그 사이에 아치를 올리기 위한 공간을 지어요. 아치 작업을 위해 나무 비계(공사를 위한 임시 가설물)를 만들고, 그 위에 사암 벽돌을 깔아 아치를 만들었어요.

기둥과 아치가 놓이는 곳에는 벽을 다리 상판 높이까지 세웠고, 그다음에 자갈을 깔았어요.

완공에 여러 해가 걸린 이 다리는 도시의 새로운 중심지이자 프라하의 자랑거리, 기쁨의 원천이 되었어요. 많은 사람이 다리를 건넜고 상업 교류도 활발하게 이뤄졌어요. 카를교가 유명해지면서 프라하의 발전에도 도움이 되었고, 지금도 여전히 건재한 이 다리는 프라하의 상징이 되었어요.

카를교에 대해 더 자세히 알고 싶다면 23쪽을 보세요!

근대 초

1609년
파리 퐁네프 다리
보행자를 위한
인도가 있는 최초의 다리

아이작 뉴턴
모든 물체를 지구로 끌어당기는 '중력'을 발견했어요. 다리를 건설하는 기술자들에게도 중요한 발견이었지요.

1747년

국립 다리 및 도로 건설 학교가
파리에서 설립됐어요. 다리 건설 공학에 큰 혁신을 불러왔지요.

1574년

고급 재료를
사용해 다리를 지었어요.
대리석으로 만든
베네치아의 '탄식의 다리'가
대표적이죠.

1687년

1615년
파우스토 베란치오가 자신의 책
《**새로운 기계**》에서 최초의
현수교를 설계했어요.

세상은 큰 변화를 맞이하고 있었어요. 자연과학, 물리학, 수학이 발전했고 인쇄술이 발명되었어요. **코페르니쿠스**는 태양이 우주의 중심이라고 외쳤지요. 위대한 변화의 시대였어요.

근대의 시작

레오나르도 다빈치가
스스로 지탱할 수 있는 다리를 설계했어요. 빨리 짓고 허물 수 있었고, 못이나 끈이 필요 없었어요.

잉카인들은 풀로 만든 밧줄을 이용해 대단히 튼튼한 현수교를 만들었어요.

크리스토퍼
콜럼버스가
아메리카 대륙에
갔어요…

1492년

…그리고 유럽인들이 아는 세상은 더 커졌지요.

1521년
에스파냐 정복자들이 **아즈텍** 제국의 수도
테노치티틀란을 무너뜨렸어요.

35

산업 혁명 시대

특히 다리 건설에 특화된 **기술자**가 많아졌어요.

철 생산성이 높아졌고 합금-**주철과 강철**이 처음 사용되기 시작했어요.

1779년
영국 세번강 위에 지어진 철교는 세계 최초로 주철로 만든 다리였어요. 사전에 제작한 1700개의 부재로 구성돼 있으며, 반쪽짜리 **리브**(아치 구조의 뼈대가 되는 부재.-옮긴이) 다섯 개를 차례로 쌓아 만들었어요. 다리는 더 가볍고 길어졌지요.

1820년
영국 잉글랜드와 스코틀랜드를 잇는 유니언 다리가 건설되었어요. **체인을 사용해 만든 최초의 다리** 중 하나로, 경간은 더 길어졌으며 건설 시간과 비용은 줄었어요.

산업 혁명!

1765년
제임스 와트의 **증기 기관**이 **산업 혁명**을 일으켰고, 세계를 완전히 바꾸어 놓았지요.

1804년
최초의 증기 기관차를 비롯해 발로 땅을 차며 이동하는 초기 자전거가 등장해 **교통 혁명**이 시작되었어요.

1817년

1825년
영국 스톡턴에서 달링턴까지 **세계 최초의 공공 철도**가 건설됐어요. 이제 사람들도 탈 수 있게 됐죠!

인구가 폭발적으로 늘자 원재료와 공산품 등을 운송하기 위한 교통수단이 필요해졌고 길과 다리를 더 많이 건설해야 했어요.

조밀한 철도망이 만들어졌어요. **철교**는 기울기가 크면 안 되고 무거운 열차를 지탱할 만큼 튼튼해야 했어요.

19세기

토마스 텔포드

"나이아가라에 건설한 내 다리가 걸작이야."
"하지만 난 더 큰 걸 준비하고 있어."
"메나이 해협 위에 놓은 내 다리 덕분이지."
"아버지와 나는 기관차도 만들고 다리도 세웠다고."
"우리 모두 혁신가야. 그건 확실하지."
"미래에는 용접으로 만든 가벼운 구조물의 세상이 될 거야."

로버트 스티븐슨 · 존 어거스투스 로블링 · 이삼바드 킹덤 브루넬

구스타브 에펠

조셉 아스프딘이 **포틀랜드 시멘트**의 특허를 받았어요. 포틀랜드 시멘트는 잘 굳고 재료를 고정시키는 장점이 있었지요.

1824년

뛰어난 엔지니어가 많은 시대였어요. 이들 가운데 많은 사람이 다리 건설 기술을 혁신했지요.

새로운 발견과 발전으로 다리 건설 분야에서도 큰 변화가 일어났어요. 다리 건설이 더 빠르고 쉬워졌지요. 더 길고 안전하며 안정적인 다리를 만들 수 있게 된 거예요.

1826년
메나이 현수교, 영국 웨일스

리벳

1867년

조셉 모니에가 강철을 이용한 철근 콘크리트의 특허를 받았어요. 철근 콘크리트는 건설에 큰 혁신을 가져왔어요. 이제 콘크리트는 압력뿐만 아니라 장력(당기는 힘)도 잘 견딜 수 있게 되었지요.

삼각형 구조물인 **트러스**가 널리 사용되기 시작했어요. 금속 재료를 이용해 다양한 형태로 제작한 뒤 반복되는 형태로 합쳐 만들어졌어요.

워런 트러스
프랫 트러스
프티 트러스

1830년
미국은 철도를 건설했어요. 여러 층으로 된 성냥개비 다리가 빠르고 값싸게 지어졌지요.

1855년
헨리 베서머가 **강철 생산을 개선**했어요. 강철은 이제 더 빨리 녹고 품질은 좋아졌지요. 덕분에 더 크고 복잡한 건축물을 지을 수 있게 되었어요.

건설된 구조물의 균형을 유지하고 힘의 작용을 연구하는 **정역학**이 공학 이론의 세부 분야로 나뉘게 되었어요.

강한 에밀리 로블링은 아픈 남편을 대신해 시청과 연락하고 작업자들을 관리하며 공사를 감독하는 수석 엔지니어의 임무를 맡게 되었어요.

브루클린 쪽 탑은 1875년에, 맨해튼 쪽 탑은 1년 뒤인 1876년에 완공되었어요. 이제 네 개의 주 케이블을 제자리에 설치할 수 있었지요. 지름이 40cm인 각 케이블은 스트랜드라고 부르는, 여러 개의 선(와이어)이 모인 가닥 열아홉 개로 구성되어 있었어요. 이 안에 있는 와이어 수는 모두 5,282가닥에 달했어요.

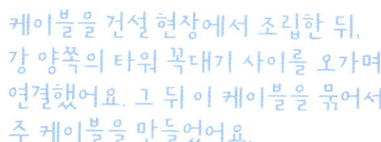

케이블을 건설 현장에서 조립한 뒤, 강 양쪽의 타워 꼭대기 사이를 오가며 연결했어요. 그 뒤 이 케이블을 묶어서 주 케이블을 만들었어요.

안정성을 높이기 위해 탑에서 대각선 방향으로 드리운 서스펜더 케이블을 추가로 설치했어요.

상판은 1,520개의 강철 서스펜더 케이블로 고정했어요.

14년간의 고된 작업 끝에 1883년 5월 24일 다리가 개통되었어요. 체스터 A. 아서 대통령과 뉴욕 시장을 비롯해 수천 명의 사람들이 개통식에 참석했지요. 에밀리 로블링이 다리를 가장 먼저 건넜어요. 이제 브루클린과 맨해튼 사이 교통이 끊기는 일은 없어졌지요.

최초의 **위대한 다리**

브루클린 브리지는 다리에 대한 사람들의 생각을 크게 바꿨어요. 브루클린 브리지는 여러 해 동안 세계에서 가장 큰 다리로 남아 있었답니다.

20세기

콘크리트를 틀에 부어 형태를 만들 수 있게 되자 놀라운 건설이 가능해졌어요!

다층 교차로, 고가 도로 그리고 자연스러운 교통 흐름을 위한 진입로 = 다리

× 150개 = 다리 완성!

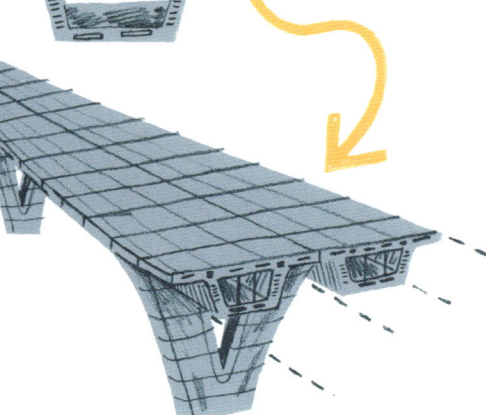

조립식 다리
공장에서 만들어진 부품을 현장에 가져와서 조립해요.

수많은 전문가가 첨단 컴퓨터 프로그램으로 다리를 설계해요.

2001년

부에노스아이레스의 산티아고 칼라트라바가 지은 '푸엔테 데 라 무헤르(여인의 다리)' 인도교가 대단히 유명해요.

수많은 다리가 전쟁으로 손상되고 파괴되어 고치거나 다시 지어야 했죠.

불가능했던 것을 가능하게 만든 **현대적 기계의 도움** 덕분에 건설은 더 쉬워졌어요.

철근 콘크리트 와 **프리스트레스트 콘크리트** 는 구분하기 어려워요. 둘 다 강철선을 써서 강도를 높였지만, 프리스트레스트 콘크리트가 더 튼튼해요.

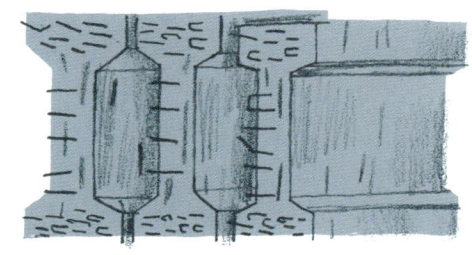

리카르도 모란디의 설계로 베네수엘라 마라카이보에 세운 라파엘 우르다네타 장군 다리는 길이가 8,700m가 넘어요. 프리스트레스트 콘크리트를 이용해 지었죠.

1962년

친절한 다리 건설 안내서

다리를 지을 때 살펴야 할 것

시냇물을 건너려고 합판 몇 장과 망치, 못으로 나무다리를 만들기는 쉽지만, 큰 다리를 짓는 일은 그리 쉽지 않습니다. 큰 다리를 지을 때는 구석구석 세세한 부분이 다 중요하기 때문입니다. 모든 부분을 다 계획하고 도면으로 그려야 하며 제대로 측정해야 합니다. 안전을 위해 튼튼하게 지어야 하고요.

준비

준비 과정은 현장은 물론 사무실에서도 이뤄지는 작업입니다. 엔지니어, 구조 분석가, 건축가, 수자원 관리자, 지질학자 등 많은 전문가가 참여해 계획을 세우고 의견을 냅니다. 수석 설계자가 가장 좋은 아이디어를 도면에 반영하면 건축 계획이 탄생하지요! 그러면 각 부품 크기는 얼마여야 할지, 무게는 얼마나 견뎌야 할지, 어디에 어떤 재료를 사용할지, 난간은 얼마나 길어야 하고 다리 어디에 부착되어야 할지 등 많은 것을 알 수 있습니다.

건설

사무실을 떠나 이제 현장에 갈 시간입니다. 굴삭기, 레미콘 그리고 그 밖에 특수 기계가 현장에 도착하고, 수년 간의 준비 끝에 땅을 파기 시작합니다. 다리를 건설하는 방법은 다리 유형, 지형 조건, 재료에 따라 달라집니다. 다리 짓는 일은 기술적으로 까다롭고 안전과 기능에 대해 엄격한 요구 사항을 충족해야 합니다. 그래서 몇 년이 걸릴 수도 있지요. 많은 사람이 각자 자리에서 일한 덕분에 다리는 서서히 모습을 갖춰 갑니다.

점검

다리가 다 지어져도 작업이 끝난 것은 아닙니다. 다리를 개통하기 전에 철저한 점검을 거쳐야 하거든요. 필요한 무게를 잘 견딜 수 있는지, 건너가는 차량 때문에 만들어지는 진동을 견딜 수 있는지, 조명과 배수로는 제대로 기능하는지, 모든 교통 표지판이 제 위치에 있는지 등 세세한 것까지 모두 점검하지요.

지켜야 할 규칙들

→ 계획을 잘 세워야 한다.

→ 적합한 작업자를 찾는다.
  (주)튼튼다리 건설 회사

→ 역사의 교훈을 존중한다.

→ 담대할 것, 그리고 희망찬 전망 세우기.

실수가 알려 준 귀중한 교훈

다리가 무너지는 일은 과거에도 있었고 현재도 일어나는 일입니다. 다리가 무너지는 데는 구조적인 문제, 사람들의 무모함과 무지, 자연재해 등 여러 이유가 있습니다. 다리 붕괴는 비극적인 불행이지만 기술자와 설계자에게는 귀중한 교훈이 되기도 하지요. 다리를 안전하게 짓는 기술을 더 발전하게 만들어 주니까요.

바람에 대한 이해 부족

컴퓨터 시뮬레이션을 사용해 외부 힘이 구조물에 가하는 영향을 검증하죠.

1940년

타코마 다리
타코마(미국)

이 다리는 개통된 지 4개월 만에 바람과 공기 역학 설계 결함으로 무너졌습니다. 견고한 다리 측면이 상판 위로 바람을 통과하지 못하게 해서 바람을 맞은 다리가 흔들리다가 무너져 내렸지요. 이 붕괴 사고로 사망한 사람은 다행히 없었습니다. 기적이었지요.

유지 보수 소홀

1807년

다리는 주기적으로 검사하고 보수해야 하죠.

에이타이교
도쿄(일본)

두 마을을 잇는 이 다리는 오랫동안 낡은 상태였지만 두 마을 모두 다리를 수리할 생각을 하지 않았습니다. 그러다가 축제 도중 다리가 무너졌고 1,400명이 물에 빠져 목숨을 잃었습니다.

예상치 못한 상황을 예측하고 구조물의 취약성을 최소화하라.

과적

1297년

스털링 다리
스코틀랜드 스털링(영국)

스코틀랜드 독립 전쟁 때 잉글랜드 군대와 스코틀랜드 군대가 이 다리에서 격돌했습니다. 수많은 군인들의 무게를 견디지 못하고 다리가 무너지고 말았지요.

정기적으로 견딜 수 있는 무게를 시험하고 그 이상의 무게가 건너지 않도록 주의해야 돼.

몹시 나쁜 날씨

1980년

선샤인 스카이웨이 다리
세인트피터즈버그(미국)

폭풍이 몰아칠 때 다리를 지나던 대형 화물선이 다리 지지 교각과 충돌했고, 파손된 다리에서 차량이 떨어져 서른다섯 명이 사망했습니다. 이 사고는 교각이 충격으로부터 제대로 보호되지 못했기 때문에 발생했지요. 현재는 원래 다리 대신 현대식 다리가 다시 세워져 있습니다.

설계 결함과 건설 불량

1907년과 1916년

퀘벡교
레비스(캐나다)

이 다리는 건설 중 두 번이나 무너졌습니다. 노동자 76명이 사망한 첫 번째 사고는 설계에 큰 결함이 있어서 무너졌고, 두 번째 사고는 자재 결함으로 다리 중앙 부분이 붕괴되면서 발생했습니다.

철저한 계획과 계산, 자료 검증이 무엇보다 중요해요.

다리가 버티고 견뎌야 할 일들

다리는 건설하기 힘든 지형에 세워지기도 하고, 광활하고 깊은 물 위를 가로질러 걸쳐 있기도 합니다. 거친 바람이나 거센 파도를 맞서면서도 다리는 굳건히 서 있습니다. 다리는 안전하고 믿음직한 시설이자 봉사자이기도 하고 영웅이기도 합니다. 훌륭한 다리를 만드는 건설자에게 필요한 일은 무엇일까요? 다리의 교각은 무엇을 지탱해야 하며 또 다리가 견뎌야 할 일은 무엇일까요?

다리의 자체 무게

무엇보다도 다리는 자체 무게, 즉 구조와 재료의 무게를 견뎌야 합니다.

하중(무게)

다리 위를 지나는 모든 차량과 보행자 또는 기차 무게를 동시에 견뎌야 합니다. 안전을 위해 필요 이상으로 버틸 수 있어야 하지요.

자연 요인

강풍, 홍수, 폭우를 견뎌야 합니다. 자연 요소는 매우 다양하고 지리적으로 뚜렷하죠. 어떤 지역에서는 지진을 견뎌야 하고, 어떤 지역에서는 극심한 기온 차를 견뎌야 합니다.

예상치 못한 상황

- 화재
- 사람들이 다리 한쪽에 몰려 있는 상황
- 선박, 열차, 자동차, 항공기 등에 의한 충돌
- 너무 흥분한 학생 한 무리
- 차량 추돌 사고
- 많은 사람이 참여하는 시위나 마라톤
- 그 밖의 비정상적인 상황

다리가
무너지지 않으려면

다리 짓는 사람은 다리를 포함해 모든 구조물에 작용하는 힘을 정확히 이해하는 것이 가장 중요합니다. 이런 힘은 구조물의 안정성과 강도에 영향을 미치기 때문입니다. 다리가 붕괴되지 않게 하려면 부재 하나하나가 힘을 올바르게 전달하고 흡수하도록 설계해야 합니다.

중력 고려하기

사람을 포함해 모든 것을 땅 쪽으로 끌어당기는 힘인 중력에 의해 무게가 생깁니다. 다리가 무거울수록 중력이 작용하는 힘도 더욱 커집니다.

땅속 이해하기

다리의 기초를 받치는 땅속에 무엇이 있는지 살피는 일은 다리의 안정성과 기능성을 위해 매우 중요합니다. 지하에 단단한 암석이나 점토가 포함되어 있는지, 지하수가 흐르는지 등을 파악해 다리를 설계해야 하지요.

압축력 및 장력 완벽하게 이해하기

구조물에는 장력이나 압축력 같은 기본 힘이 작용합니다. 이런 힘이 다리에 전달되거나 분산될 때 특정 부분에 힘이 너무 쏠리지 않아야 하지요. 다리에 따라 힘을 전달하는 방식은 각각 다릅니다. 수석 엔지니어는 장력이나 압축력 같은 힘을 관리할 방법을 알아야 합니다.

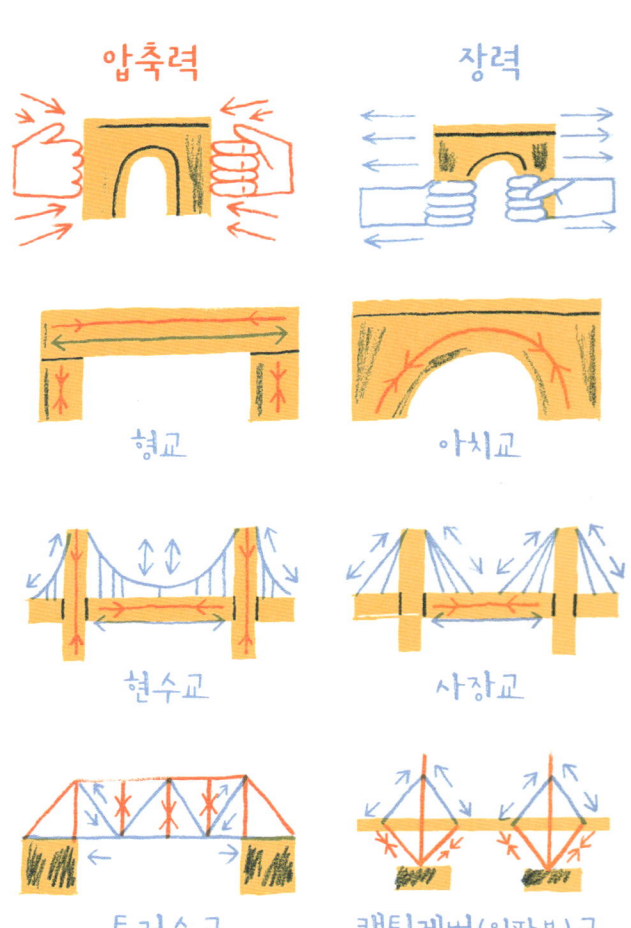

재료 특성 이해하기

다리 건설에 사용되는 재료는 특성이 각기 다릅니다. 가장 많이 쓰이는 금속과 콘크리트는 겨울에 수축하고 여름에는 팽창합니다. 재료의 이런 성질을 이해하고 대비해야 하지요.

좋은 다리가 되려면

다리를 짓는 기술자인 엔지니어는 학교에서 전문 교육을 받습니다. 배워야 할 것이 많아 오랜 시간 공부하지요. 좋은 다리를 만들려면 무엇에 유의해야 할지, 다양한 상황에 대처하려면 어떻게 해야 하는지 엔지니어는 그 방법을 알고 있습니다.

도움이 되는 것들

컴퓨터 소프트웨어와 똑똑한 사람들

컴퓨터 소프트웨어는 좋은 다리를 설계하기 위해 아주 중요합니다. 상세한 3D 모델과 도면을 만들고 다리에 가해질 무게인 하중을 계산해야 하기 때문입니다. 다리 구조를 분석해 강풍이나 지진 같은 다양한 조건을 예상하고 모의실험을 진행해 볼 수도 있습니다.

풍동

풍동은 교량을 포함한 구조물에 작용하는 공기의 힘을 시험하고 검사하는 장치입니다. 팬이 돌아가면서 인공적인 공기 흐름을 만들어 바람이 구조물에 미치는 영향을 예측하고 분석할 수 있지요. 이 장치를 사용하면 실제 환경에서 어렵게 실험할 필요가 없습니다.

최종 안전 점검 및 내구성 시험

다리를 개통하기 전에 안전성을 검증하는 필수 단계입니다. 일부러 약간 과한 하중을 가해 다리가 필요한 만큼 강하고 안정적인지 확인하지요.

특별한 장치들

이음

신축 이음은 온도 변화에 대응하기 위해 다리 상판 구조물이 약간 움직일 수 있게 하는 장치입니다. 다리의 신축 이음은 대부분 가위 모양이며 필요에 따라 여닫을 수 있습니다. 방수 및 부식 방지 기능이 있어야 하므로 보통 강철로 만듭니다. 그렇지 않으면 다리의 도로에 균열이 생겨 구조와 안정성이 손상될 수 있습니다.

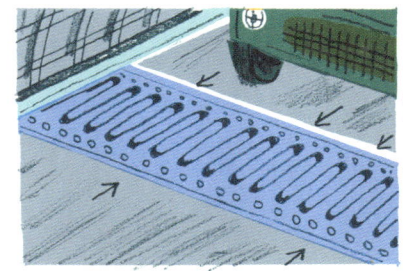 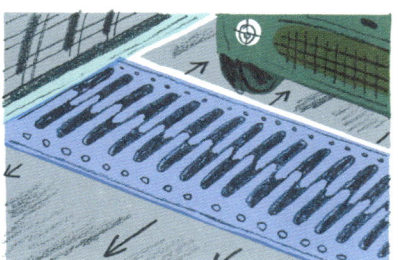

베어링, 댐퍼 및 추(펜듈럼)

베어링은 하중을 견디는 구조물 사이 움직임에 반응해 마찰을 줄여 주는 장치로, 하중을 전달하는 데 도움을 줍니다. 댐퍼는 차량이 이동할 때 생기는 교량 진동을 줄이는 역할을 합니다. 추(펜듈럼)는 강풍과 지진의 영향을 균형 있게 분산시킵니다.

 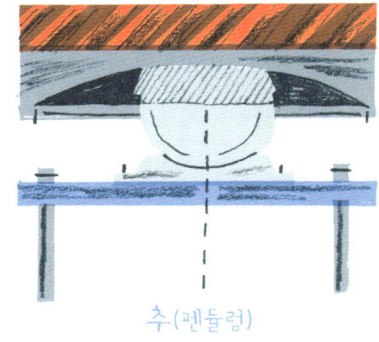

베어링

댐퍼

추(펜듈럼)

도로 배수

교량에 물이 빠지지 않고 고여 있으면 설비가 손상되어 위험할 수 있습니다. 그래서 모든 다리에는 배수로가 설치되어 있지요.

다리를 만드는 사람들

다리 건설 현장은 사람과 기계, 자재들이 끊임없이 함께 움직이는 매혹적인 장소입니다. 건설에 참여하는 작업자들 모두 각자 역할이 있고, 무슨 일을 해야 하는지 잘 알고 있습니다. 원활히 작동하는 개미집처럼, 작업자들은 모든 부분이 논리적으로 연결되도록 서로의 작업을 조율하지요. 그렇게 다리는 점점 높아지며 넓어지고 깊어지며 완성되어 갑니다.

다이버
물속 상황을 미리 점검해 준비 작업을 돕습니다.

지질학자
지질 상태를 조사하고, 다리가 세워질 토대를 안전하게 만들도록 조언합니다.

건축가
다리가 어떤 모습이 될지 계획하고 구조를 설계하며 기술 도면을 그립니다. 건설 과정을 감독하는 역할도 합니다.

고객
건설 작업을 의뢰하고 비용을 지불합니다. 다리는 공공 건설 작업인 경우가 대부분인데, 이때 고객은 국가나 지방 행정 기관이 됩니다.

현장 감독
건설 현장에서 작업자들을 관리·감독하며 작업이 원활히 진행되는지 점검합니다.

작업자
측량사, 굴착기사, 목수, 석수, 트럭이나 크레인 운전기사, 건설 기계 기사, 콘크리트 마감 기술자와 그 밖에 삽 같은 소도구를 사용하는 작업자, 식사 제공자 등 현장에는 수많은 작업자가 있으며 이들 덕분에 다리 건설이 원활하게 진행됩니다.

수석 엔지니어
개인이 아닌 팀으로 움직일 때 열쇠 역할을 담당합니다. 다리 전체가 기능을 잘 발휘하고 안전할 수 있도록 기술적인 부분을 관리하고 이끌어 갑니다.

유명한 다리 건축가들

다마스쿠스의 아폴로도로스
65년~130년

그리스 건축가로 로마의 판테온 신전을 지었습니다. 트라야누스 황제의 총애를 받아 105년 다뉴브강에 다리를 건설했습니다. 돌기둥과 나무로 지은 이 다리를 통해 로마 부대가 다키아 전투를 벌일 수 있었고, 트라야누스 황제는 역사에 남은 승리를 거두었지요. 이 사실은 트라야누스 원주에 새겨져 있습니다.

외젠 프레시네
1879년~1962년

선박과 항공기 격납고, 다리를 지은 프랑스 엔지니어입니다. 프리스트레스트 콘크리트 기법을 고안한 사람이기도 합니다.

토마스 텔포드
1757년~1834년

스코틀랜드 건축가이자 석수, 도로와 운하 프로젝트를 진행한 엔지니어입니다. 잉글랜드 남서부의 세번강에 세계 최초의 주철 다리와, 획기적인 메나이 현수교를 설계했습니다. 기존 기술에 의존하지 않고 건축 재료의 특성을 새롭게 시험했으며 텔포드 덕분에 공학은 위대한 진전을 이룰 수 있었습니다.

크리스티앙 멘
1927년~2018년

스위스의 다리 건설 전문 엔지니어입니다. 프리스트레스트 콘크리트의 잠재력을 깨닫고, 다리 설계에 큰 혁신을 이뤘습니다.

이삼바드 킹덤 브루넬
1806년~1859년

영국 엔지니어로 터널과 선박, 다리 건설에서 설계상의 여러 문제를 해결했습니다. 영국 철도 기업인 그레이트 웨스턴 레일웨이(GWR)가 건설되고 있을 때 브루넬은 런던에서 브리스톨까지 선로를 직접 측량했지요. 브루넬은 최초의 프로펠러 추진 강철 선체 선박을 만들었고, 플라이머스 근처의 로열 앨버트 다리, 브리스톨의 클리프턴 현수교를 설계했습니다.

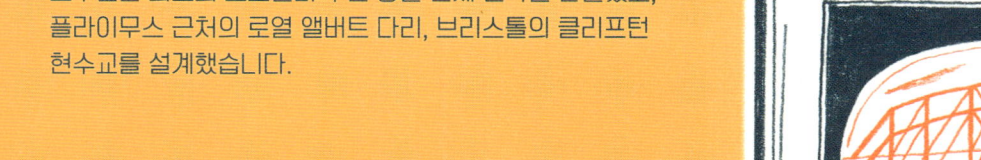

산티아고 칼라트라바
1951년 출생

에스파냐 출신의 세계적인 건축가로 전 세계에 다리를 건설했으며 철도역과 박물관, 음악당도 지었습니다. 흰 콘크리트와 강철로 만든 그의 건축물은 비대칭적이면서 우아하고 생기 넘쳐 보이는 것으로 유명합니다. 그가 만든 건축물 중 미국 위스콘신주의 밀워키 미술관은 하늘을 나는 거대한 새처럼 보입니다.

오트마르 암만
1879년~1965년

스위스 출신의 미국 엔지니어입니다. 미국 뉴욕에서 주로 활동하며 여섯 개의 다리를 설계했지요. 암만이 만든 조지 워싱턴 다리(1931년)는 거친 허드슨강을 가로지른 최초의 다리였습니다. 암만이 만든 가장 위대한 작품은 베라자노내로스교(1964년)로, 뉴욕에서 해마다 11월에 열리는 뉴욕 마라톤은 전통적으로 이 다리에서 출발합니다.

노먼 포스터
1935년 출생

베를린의 독일 국회 의사당을 다시 설계하고 런던 테이트 모던 갤러리로 가는 다리를 지은 전설적인 영국 건축가입니다. 런던의 유명한 '30 세인트 메리 액스' 빌딩을 지은 주역이기도 합니다.

구스타프 에펠
1832년~1923년

전설적인 토목 엔지니어로, 프랑스 파리의 상징인 300미터 높이 에펠탑을 지어 널리 알려졌습니다. 에펠은 다리에서도 불멸의 건축물을 남겼습니다. 래티스 거더(보) 전문가였던 그는 가볍고 날렵한 구조의 다리를 지었는데, 에펠의 대담성과 창의성을 보여 주는 대표 건축물로 프랑스 남부 트뤼에르강을 가로지르는 철도용 아치교인 가라비교가 있습니다.

자하 하디드
1950년~2016년

하디드는 역동적인 건물을 설계했는데, 직각을 벗어나 곡선의 흐름을 강조한 디자인을 추구한 영국 건축가입니다. 세계 최고 건축상인 프리츠커상을 수상했으며, 사라고사의 브리지 파빌리온과 셰이크 자이드 다리를 설계했습니다.

존 로블링, 워싱턴 로블링, 에밀리 로블링
존 로블링(1806년~1869년) | 워싱턴 로블링(1837년~1926년)
에밀리 로블링(1843년~1903년)

브루클린 브리지 건설의 세 주역입니다. 존은 독일 이민자로 통찰력이 뛰어난 엔지니어였으며 미국의 건설 산업을 이끌었습니다. 어떤 도전도 마다하지 않았던 존은 대담하게도 거센 나이아가라강을 잇는 다리를 건설해 이름을 떨쳤지요. 브루클린 브리지 건설이 완성된 모습을 직접 보지는 못했지만 다행히 아들 워싱턴과 며느리 에밀리 덕분에 브루클린 브리지는 무사히 완공될 수 있었습니다.

랄프 모제스키
1861년~1940년

폴란드 출신 미국 엔지니어로, 유럽에서 공부한 뒤 미국의 위대한 다리 건설가가 되었습니다. 그는 잘못 설계된 퀘벡교를 고치면서 전 세계에서 가장 경간이 긴 트러스교를 만들었지요. 북미에서 약 40개의 다리를 지었을 뿐만 아니라 철도 노선을 개척하고 현수교 건설도 확대했습니다. 고향 시카고에서 새로운 세대를 위한 다리 건설 교육에 힘썼습니다.

조지프 스트라우스
1870년~1938년

가동교를 혁신한 미국 엔지니어로, 미국 샌프란시스코의 금문교를 설계했습니다.

아름다운 다리 장식

과거에는 모양이 화려한 난간이나 조각상으로 장식하고 여러 가지 색으로 다리를 꾸미는 일이 흔했습니다. 하지만 오늘날의 다리는 절제된 단순함을 추구하는 미니멀리즘을 선호합니다. 다리에 장식이 꼭 필요할까요? 다리를 짓기 위해 쓰인 재료, 시선을 사로잡는 디자인, 주변 환경과의 어울림으로도 다리는 장식 효과를 충분히 낼 수 있습니다. 그럼에도 불구하고, 장식은 다리를 더욱 아름답고 돋보이게 만들 수 있습니다.

조각 - 고전적 장식, 현대적 장식 모두 가능합니다.

조명

재료 - 색과 구조를 결정합니다.

그 밖에 - 식당, 관람차, 탑 등 무엇이든 다리에 추가할 수 있습니다.

임시 장식 - 언제든 제거할 수 있어서 자유롭게 꾸밀 수 있습니다.

난간 - 미니멀리스트, 화려함, 또는 그 중간?

오래 안전하고 튼튼하게 유지하려면

스웨덴 말뫼에 위치한 외레순 다리 통제 센터에서는 수많은 직원들이 256개의 카메라로 다리를 24시간 감시하고 있습니다.

다리는 잘 관리해야 합니다. 그렇지 않으면 손상되거나 무너질 수 있으니까요. 그래서 전문가들이 다리를 정기적으로 점검하고 검사합니다. 얼마나 자주 또 어떻게 검사하는지는 나라마다, 다리마다 천차만별입니다. 다리에 따라서는 지속적인 감독이 필요한 경우도 있지요.

안전을 위해 반드시 해야 할 일

- 다리의 모든 부분에 대한 정기 검진
- 손상된 부품의 수리 또는 교체
- 금속 부품의 부식을 막는 조치
- 구조적 안정성, 하중에 대한 저항성 검사
- 보안등 교체
- 배가 오가는 곳에 설치된 가동교는 시스템 조사 및 움직이는 부분 윤활 조치

다리 손상은 꼭 보고할 것!

삶을 잇는 다리

다리 위에서 우리는 종종 이유도 없이 뛰거나, 걷는 속도를 줄이고 걸음을 멈추곤 합니다. 아래를 내려다보고 주위를 둘러보기도 하지요. 사랑에 빠진 연인, 사진을 찍는 가족, 휴식을 취하는 달리기 선수, 운동하는 청소년들…… 이 모든 풍경을 품은 다리에 우리는 매료됩니다. 다리는 우리의 삶을 이어 줍니다.

주인공이 된 다리

다리는 단순한 구조물이 아닙니다. 숨은 의미와 상징으로 가득 찬, 마르지 않는 문화적 영감의 원천이 되기도 하지요. 아름답고, 이야기로 가득하며, 사진을 찍기에도 좋습니다. 동틀 무렵과 해 질 녘에 멋진 풍경을 선사하기도 하고, 낭만적인 만남이나 결정적인 전투가 벌어지는 장소가 되기도 합니다. 이처럼 매혹적인 다리는 수많은 예술 작품에 등장할 수밖에 없지요.

다리는 작가를 매료시켰고,

액션

로맨스

드라마

동화

영화 제작자들의 사랑을 받았으며,

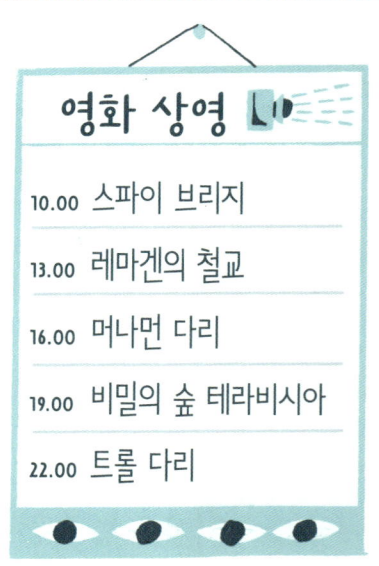

음악가 역시 다리를 사랑했습니다.

화가도 빠질 수 없죠.

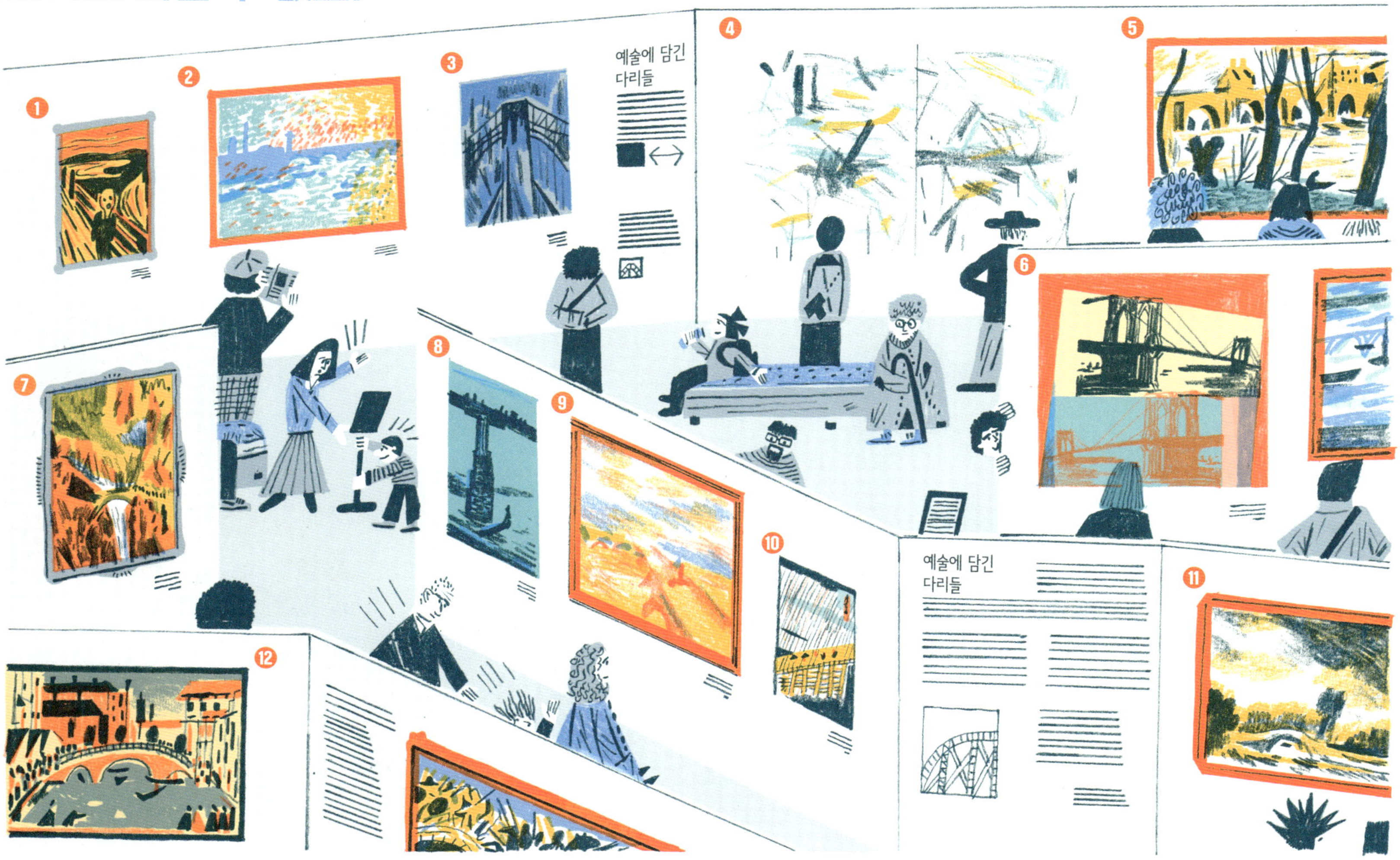

❶ 에드바르 뭉크, 〈절규〉, 1893년. ❷ 앙드레 드랭, 〈워털루 다리〉, 1906년. ❸ 조셉 스텔라, 〈브루클린 다리〉, 1922년. ❹ 조안 미첼, 〈다리〉, 1956년.
❺ 카미유 코로, 〈만테의 다리〉, 1870년. ❻ 앤디 워홀, 〈브루클린 다리〉, 1983년. ❼ 윌리엄 터너, 〈악마의 다리〉, 1804년.
❽ 제임스 휘슬러, 〈녹턴: 파란색과 금색〉, 1875년. ❾ 윌리엄 터너, 〈비, 증기, 그리고 속도〉, 1844년. ❿ 안도 히로시게, 〈아타케 대교의 소나기〉, 1857년.
⓫ 렘브란트, 〈돌다리〉, 1637년. ⓬ 젠틸레 벨리니, 〈산 로렌조 다리에서 일어난 십자가의 기적〉, 1500년.

어떤 예술가들, 그리고…

⓭ 클로드 모네와 ⓮ 빈센트 반 고흐를 포함하는 일부 화가는 다리에 완전히 푹 빠져 같은 다리를 그리고 또 그리기도 했습니다.

그 다리를 여덟 번이나 그렸다고요?

네, 맞아요.

난 열두 번 그렸어요!

⓯ 크리스토 자바체프와 그의 아내 ⓰ 잔클로드 자바체프는 파리에서 가장 오래된 돌다리인 퐁네프 다리를 천으로 뒤덮는 예술을 선보였습니다.

1905년에 결성된 독일의 표현주의 미술가 그룹 ⓱ 〈디 브뤼케〉*는 스스로를 '다리'라고 이름 붙였습니다.

* 〈디 브뤼케〉: '브뤼케(Brücke)'는 독일어로 '다리'라는 뜻으로 한국에서는 '다리파'로 번역된다.

다리가 지니는 강력한 상징성

우리는 일상생활에서나 시각 예술, 음악, 시, 상징 문양, 종교 등에서 끊임없이 다리라는 주제를 만납니다. 왜 그럴까요? 다리는 대단히 보편적이고 직관적이기 때문에 강력한 상징이 될 수 있지요. 다리는 우리 일상에 실질적인 영향을 미치고 지역적인 특성을 담기도 하며 또한 매력적입니다. 다리가 지니는 의미는 문화마다 조금씩 다를 수 있지만, 대체로 연결성과 안정성, 희망을 상징합니다.

다리는 유럽 여러 나라 정치 및 경제 연합체인 **유럽 연합**(EU)의 상징으로, 유로 지폐에 그려져 있습니다.

다리는 기업이 추구하는 가치를 담은 **상징 그림** 등으로 널리 쓰입니다. 다리를 건설하는 기업뿐만 아니라, 요리나 교육 관련 기업에서 사용하기도 하지요.

전 세계 많은 도시의 **상징 문양**에서도 다리를 발견할 수 있습니다.

적대 관계에 있는 두 맞수는 전통적으로 다리 위에서 **화해**를 했습니다. 왜 그럴까요?

희망

다리는 기대감을 불러일으키고 긍정적인 생각으로 우리를 채워 줍니다. 더 나은 방향으로 변화하고, 즐겁고 흥미로운 일을 약속하기도 하지요. 다리는 우리가 또 다른 세상을 꿈꿀 수 있게 합니다.

안정성과 안전성

다리는 신뢰성과 안정감이 무엇인지 알려 줍니다. 견고하고 튼튼하며 어떤 상황에서도 자리를 지킵니다. 천둥 번개가 치더라도 항상 안전한 곳으로 우리를 인도합니다.

연결

다리는 연결하고 극복하며 조절합니다. 다리는 사람과 세상을 연결합니다. 서로 다른 문화를 이어 주고, 세대를 이어 주며, 국가를 이어 주기도 합니다. 항상 우리를 서로 더 가깝게 만들고 차이를 줄여 줍니다. 이쪽과 저쪽의 생각을 조절해 사람과 사람, 집단과 집단이 서로를 이해하고 화해하도록 돕기도 합니다. 다리는 소통하는 장소가 됩니다.

관계

중재자로서 다리 역할에 주목해 보자면, 우리는 '다리를 놓는다(관계를 맺음)', '다리를 끊는다(관계를 끊고, 모든 것을 뒤로한 채 떠남)' 와 같은 말을 쓰곤 합니다.

다리를 놓다

다리를 끊다

길

한 장소에서 다른 장소로 갈 때 또는 개인적인 목표를 향해 나아갈 때, 다리는 걸림돌이 되는 방해물을 건널 수 있게 도와줍니다.

변화

다리를 건너는 일은 변화가 일어남을 뜻하기도 합니다. 마음가짐이 변하거나, 목표를 이루는 일도 포함되겠지요.

다른 세상

다리는 이편의 세상과 저편의 세상, 이승에서 저승으로 가는 길, 삶과 죽음의 경계를 의미하기도 합니다.

설화와 종교에 담긴 다리

다리는 전 세계에서 오랫동안 전해져 오는 모든 문화와 이야기에서 중요한 소재가 됩니다. 이야기 속에서 다리는 전환점을 의미하기도 하고, 좀 더 보편적으로는 저승으로 가는 경계를 의미하기도 합니다.

조로아스터교

친바트 다리(심판의 다리)

조로아스터교의 경전에는 친바트 다리(심판의 다리)가 나옵니다. 사람이 죽으면 그 영혼이 친바트 다리를 건너는데, 이때 어떤 사람에게는 다리가 넓어지고 어떤 사람에게는 좁아집니다. 선하게 살았던 사람은 별 어려움 없이 다리를 건널 수 있습니다. 하지만 나쁜 짓을 한 사람은 좁아진 다리를 건너야 하는데 이때 악마가 그를 붙잡아 지하 세계로 끌고 가지요.

중국 신화

"어떤 일이 일어날지 궁금해."

나이허교(망각의 다리)

고대 중국 신화에 나오는 망각의 다리로, 사람이 죽으면 건너는 다리입니다. 이 다리에서 망각의 여신 맹포가 끓여 준 망각의 탕약을 마시면 망자는 생전에 행했던 일을 잊고 환생해 새로운 삶을 살 수 있게 됩니다. 모두가 이 다리를 건널 수 있는 것은 아닙니다. 나쁜 일을 한 사람은 강물에 빠져 다시는 인간으로 태어나지 못한다고 합니다.

이슬람

알시랏 다리

이슬람교에서 죽은 자가 낙원에 들어가기 전 반드시 건너야 하는 다리입니다. 머리카락보다 가늘고 가장 예리한 칼날만큼 날카롭다고 합니다. 다리 아래는 죄인이 불타는 불지옥이 펼쳐져 있고, 생전 선하게 살았던 사람은 빠르고 안전하게 저편으로 건너갈 수 있지요.

노르웨이 신화

걀라르브루

북유럽 신화에서 죽은 자들이 머무르는 곳인 '헬'(영어에서 지옥을 의미하는 단어 '헬Hell'의 어원)로 가려면 금빛 지붕이 있는 다리인 걀라르브루를 건너야 합니다. 이 다리는 지하 세계를 흐르는 굘강을 가로지릅니다. 모드구드라는 수문장이 이 다리를 지키고 있는데, 저승으로 들어오려면 이름과 용무를 말해야 한다고 합니다.

노르웨이 신화

비프로스트

노르웨이 신화에 나오는 불타는 무지개다리로, 리트가르트(이승)와 아스가르드(신이 거주하는 곳) 사이를 연결합니다.

역사를 움직인 다리

인류 역사에서 오랫동안 다리는 필연적으로 중요한 전략적 의미를 지닌 곳이었습니다. 다리를 지키려고 치열하게 싸우기도 했고 반대로 일부러 파괴하기도 했지요. 숱한 전투가 일어나거나 지도자들이 만나기도 하는 등 다리는 역사적으로 중요한 순간을 수도 없이 맞이했습니다.

밀비안 다리 전투

이 전투가 일어나기 전날 밤 로마 황제 콘스탄티누스 1세는 '이 표징으로 네가 정복하리라.'는 문구가 새겨진 십자가를 보는 꿈을 꿨습니다. 그는 부대원들의 방패에 십자가를 그린 뒤 전투에 투입했고 결국 승리했지요. 이를 계기로 콘스탄티누스는 기독교를 받아들였고, 이전까지 박해받았던 기독교는 로마 제국의 주요 종교가 되었습니다.

312년

나폴레옹이 베레지나강을 건너 도망치다

나폴레옹의 군대는 비밀리에 서둘러 건설한 두 다리의 도움으로 러시아에서 탈출했고 겨우 목숨을 건질 수 있었습니다. 하지만 엄청난 인명 손실과 고통을 감수해야 했지요. 나폴레옹의 러시아 작전 실패는 그의 몰락이 머지않았음을 알려 주는 사건이었습니다.

1812년

페가수스 다리

제2차 세계 대전 중 일어난 노르망디 상륙 작전 전날, 10분간 지속된 전투 끝에 영국 낙하산 부대원들이 독일군으로부터 페가수스 다리를 빼앗아 점령했습니다. 그 덕분에 연합군은 빠르고 안전하게 내륙으로 진격할 수 있었고 서부 전선이 열리게 되었습니다.

1945년

인종 차별에 맞선 세 번의 행진

대부분 아프리카계 미국인으로 구성된 600명이 평화 행진을 하며 앨라배마주 셀마의 에드먼드 페터스 다리를 건너던 중 경찰의 공격을 받았습니다. 이 공격으로 참가자 수천 명이 모인 두 번의 추가 행진이 다시 촉발되었지요. 마틴 루서 킹 목사가 주도한 시위는 더욱 격렬해졌고, 결국 1965년 8월 선거에서 인종 차별을 금지하는 법안이 통과될 수 있었습니다.

1965년

유럽과 아시아를 잇는 다리

두 대륙을 처음 연결한 것은 기원전 512년 페르시아의 다리우스 왕이었습니다. 그러나 최초로 건설된 영구적인 다리는 2000년 뒤에야 지어졌지요. 1973년, 튀르키예의 이스탄불을 가로지르는 보스포루스 해협에 유럽 대륙과 아시아 대륙을 잇는 보스포루스교가 개통되었습니다. 이 다리는 실용적이기도 하지만 화합의 강력한 상징이기도 합니다. 현재 보스포루스 해협에는 세 개의 다리가 있습니다.

1973년

그 밖의 위대한 다리

군인이 주의해야 할 것

1850년, 프랑스 군부대가 행군하던 도중에 다리가 무너지는 사고가 발생했습니다. 무너진 원인은 공진 현상 때문이었습니다. 이었습니다. 병사들이 규칙적으로 발을 맞춰 강하게 걷자, 다리의 고유 진동수에 영향을 가할 정도로 충격을 받은 다리가 무너져서 큰 인명 피해로 이어진 것입니다. 요즘에는 부대가 다리에 도달하면 지휘관이 철수 명령을 내린다고 합니다.

동물이 만든 다리가 있다?

다리 건설에 능숙한 동물도 있습니다. 예를 들어 몸으로 다리를 만들어 먼 거리를 이동하는 개미가 있지요. 마다가스카르에 사는 다윈나무껍질거미는 굉장히 튼튼하고 큰 거미줄을 엮을 수 있습니다. 거미줄 길이는 최대 25미터에 이르는데, 강이나 개울을 가로지르는 완벽한 다리가 되어 주지요.

금문교가 늘 멋진 모습인 이유

다리는 사진에 잘 나오도록 멋진 모습을 유지하고, 무엇보다도 다리로서 완벽한 상태를 이어 갈 필요가 있습니다. 그래서 50여 명으로 구성된 유지·보수 팀이 매일 이 유명한 대교를 관리합니다. 금속공은 철로 만든 부재를 점검하며 필요한 부분을 변경하고, 페인트공은 다리의 표면을 끊임없이 손질합니다. 고소 공포증이 없는 모험가에게 딱 맞는 일이지요.

레오나르도 다 빈치식 다리 짓기

혼자 힘으로 설 수 있는 자립형 다리는 유용하게 쓰일 수 있습니다. 집에서 나무젓가락이나 아이스크림 막대로 다리 만드는 연습을 해 보세요. 언젠가 그 기술을 유용하게 사용할 수 있을지도 모릅니다.

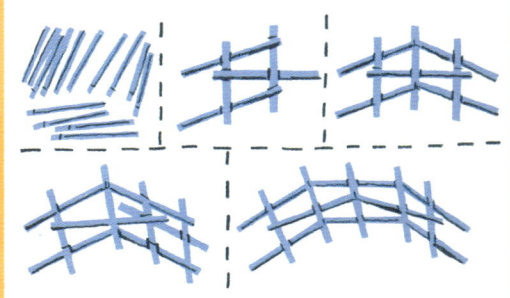

교두보를 확보하라!

교두보는 다리를 보호하기 위해 설치한 시설물인데, 교두보 확보는 전쟁 상황을 유리하게 이끄는 데 중요한 적의 땅 일부를 먼저 점령하는 행위를 말합니다. 점령한 지역은 요새화되어 적의 나머지 영토로 진격하기 위한 거점이 되며, 이때 속도와 기습 공격이 중요합니다. 제2차 세계 대전 당시 연합군은 노르망디 상륙 작전으로 교두보를 확보했고, 전쟁을 승리로 이끌었습니다.

다리 앞에만 서면 덜덜……

모든 사람이 다리를 좋아하는 것은 아닙니다. 어떤 사람들은 다리 건너기를 너무 두려워해서 차량이나 도보로 건너는 대신 더 복잡한 다른 길을 선택해 다리를 피하기도 합니다. 다리 공포증은 고소 공포증이 있는 사람에게 자주 나타납니다. 갑작스럽게 공포가 밀려와서 운전자에게 특히 위험할 수 있지요. 일부 큰 다리에서는 직원이 직접 차를 몰아 다리를 건너게 해 주는 서비스를 제공한답니다.

영혼의 다리 건설자 교황

고대 로마에서는 대신관(사제)이 다리 건설을 감독했습니다. '다리의 건설자'라는 뜻의 최고 신관(대신관을 총괄하는 가장 높은 신관. -옮긴이)은 오늘날 가톨릭 교회의 최고 대표자인 교황을 가리킵니다. 교황이 건설하는 다리는 직접 건널 수 있는 다리는 아닙니다. 이 세상과 영적 세계 사이에 사상의 다리를 놓는 일이지요.

다리의 수호자, 네포무크의 성 요한

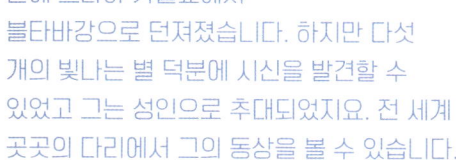

머리에 빛나는 별 다섯 개가 있고 십자가와 종려나무 가지를 든 성 요한은 다리와 뗏목꾼, 방앗간 주인, 선원의 수호성인입니다. 교회 고위 성직자였던 성 요한은 바츨라프 4세와의 다툼 끝에 프라하 카를교에서 불타바강으로 던져졌습니다. 하지만 다섯 개의 빛나는 별 덕분에 시신을 발견할 수 있었고 그는 성인으로 추대되었지요. 전 세계 곳곳의 다리에서 그의 동상을 볼 수 있습니다.

생뚱맞은 다리

초목에 가려진 숲을 가로지르거나, 들판 또는 호수 한가운데서 끝나는 다리가 있습니다. 이런 다리는 생뚱맞은 곳에서 생뚱맞은 곳으로 이어지죠. 이들 다리는 큰 계획이 무산된 결과로 남은 유물일 수 있습니다. 수명은 다했지만 철거하자니 비용이 너무 많이 들어 그대로 두었을 수 있고, '무언가 잘못된' 공사의 잔해일 수도 있지요. 황폐한 채 무성하게 자란 풀에 덮인 다리는 나름의 생명력과 독특한 매력을 지니고 있습니다.

다리가 하나, 둘, 셋…

각각의 다리는 자동차용, 기차용, 보행자용 등 서로 다른 용도로 사용됩니다. 또는 첫 번째 다리를 지었는데 필요에 따라 다리를 추가할 수도 있습니다. 두 번째 다리가 첫 번째 다리 바로 옆에 세워진 이유는 그곳이 가장 좋은 장소였기 때문입니다. 굳이 바꿀 필요가 없으니까요. 실용성은 예술성과 결합할 수 있습니다. 슬로베니아 류블랴나에 있는 요제 플레치니크의 삼중 다리가 유명한 사례입니다. 보행자는 매일 다른 길을 걸을 수 있지요!

뉴욕의 고가 공원

도시 한가운데에 놓인, 사용하지 않는 철로를 어떻게 활용할 수 있을까요? 뉴욕은 철로를 철거하는 대신 독특한 전망과 수백 가지의 다양한 식물, 관목, 나무가 있는 고가 공원으로 탈바꿈시켰습니다. 균형 감각을 연습하고 싶다면 철로 일부가 아직 남아 있으니 그 위를 걸어 보세요.

스포츠 경기장이 된 다리

다리는 스포츠와 관련해서도 잠재력이 큽니다. 마라톤 선수들이 경기할 때 다리 위를 지나가고, 다리 기둥은 등반을 위한 벽 역할을 하지요. 극한 스포츠 애호가가 좋아하는 번지 점프도 있습니다. 안전 요원의 감독하에 안전줄을 묶은 다음 하나, 둘, 셋 점프하며 뛰어내립니다. 그리고 잠시 하늘을 날지요…… 줄에 매달려 흔들리기 전까지요.

성을 지킬 최후의 수단

중세의 모든 성에는 도개교가 있었습니다. 다리를 끌어 올려 사용할 수 없게 해서 적의 공격을 막을 수 있게 만든 튼튼한 다리였지요. 해체하거나 쉽게 부술 수 있게 만든 다리도 있었습니다. 적이 성안으로 들어오면 방어자들은 이 다리로 방어용 탑에 오른 뒤, 적이 올라오지 못하도록 다리를 부수었습니다. 이들이 방어용 탑에 얼마나 오래 머물렀는지, 이후 어떻게 되었는지에 대한 기록은 남아 있지 않습니다.

세상의 다양한 브리지(다리)들

모든 다리가 돌이나 강철로 만들어진 견고한 구조물이라면 얼마나 지루할까요! 다리는 치과, 요가 교실, 음악 연습실 등 의외의 장소에도 존재합니다. 육로로 나갈 수 없는 외딴곳에 고립되어 있다면 공중 수송로가 필요하죠.

공중 수송로

물자나 식량, 인도적 지원을 받을 다른 길이 없어 고립된 사람들이 있습니다. 이때 비행기로 물자와 식량을 싣고 가서 그들에게 공급하거나 인도적 지원을 할 수 있습니다. 이런 공중 수송로(에어 브리지)는 눈에 보이지는 않지만 대단히 중요한 다리가 되어 줍니다.

악기의 브리지

'브리지'는 현악기에 사용되는 중요한 부품으로 나무나 금속으로 만듭니다. 현을 지지하며 올바른 위치와 높이로 고정하는 역할을 하지요. 그 덕분에 진동이 허공에 퍼져 소리와 음악을 만들어 냅니다.

> 걱정 마세요. 치과용 브리지로 치료할 수 있어요.

치과용 브리지

치아를 잃으면 치과 의사가 입안에 치아를 심어 줍니다. 치아가 빠진 빈자리에 인공 치아로 '브리지'를 설치하는 것입니다.

요가의 브리지 포즈

'아사나'라고도 불리는 요가 자세입니다. 팔과 다리를 강화하고 폐를 단련하며 척추를 펴 주고 기분을 좋게 해 줍니다. 처음에는 어깨를 바닥에 댄 자세로 하프 브리지부터 해 볼 수 있습니다.

브리지 피어싱

콧대와 눈 사이 피부에 구멍을 뚫어 꾸미는 독특한 얼굴 장식입니다. 빠지지 않고 고정되도록 부품을 끼우는 바벨, 작은 구슬이 달린 고리 모양의 캡티브 비드 링을 주얼리로 사용할 수 있습니다.

또 어떤 다리를 떠올릴 수 있나요?

우리 주변에 있는 다리를 유심히 살펴보세요.

이 책에 나오는 다리들

ㄱ
가라비교(프랑스, 륀장마르그리드) 51
가르교(프랑스, 님) 22
간터교(스위스, 브리그) 24
게이츠헤드 밀레니엄 브리지(영국, 게이츠헤드) 15-16, 21
괼츠슈탈 다리(독일, 폭틀란트) 19
금문교, 골든게이트교(미국, 샌프란시스코) 15-16, 19, 23, 40, 51, 60

ㄷ
단쿤터 대교(중국, 장쑤성) 21
두거 베이판장 대교(중국, 쉬안웨이) 21
동하이 대교(중국, 상하이) 14, 16

ㄹ
라구나 가르손 다리(우루과이, 말도나주 - 로차주) 26
라파엘 우르다네타 장군 다리(베네수엘라, 마라카이보) 41
로열 앨버트 다리(영국, 플리머스~솔타쉬) 50
로터스 대교(중국, 마카오) 27
리릭 오페라 다리(미국, 시카고) 40
리알토 다리(이탈리아, 베네치아) 22

ㅁ
맨해튼 브리지(미국, 뉴욕) 40
메나이 현수교(영국, 뱅고어) 37, 50
모세의 다리(네덜란드, 할스테렌) 25
미요 대교(프랑스, 미요) 15-16, 21
밀비안 다리(이탈리아, 로마) 59

ㅂ
베라자노내로스교(미국, 뉴욕) 51
베키오 다리(이탈리아, 피렌체) 23
보스포루스교(튀르키예, 이스탄불) 59
브루클린 브리지(미국, 뉴욕) 15-16, 23, 38-39, 51
브리지 파빌리온(에스파냐, 사라고사) 51
빅스비 크릭 다리(미국, 캘리포니아) 14, 16

ㅅ
삼중 다리(슬로베니아, 류블랴나) 61
생베네제 다리(프랑스, 아비뇽) 23
선샤인 스카이웨이 다리(미국, 세인트피터즈버그) 44
셰이크 자이드 다리(아랍에미리트, 아부다비) 51
스타리 모스트(보스니아헤르체고비나, 모스타르) 22
스털링 다리(스코틀랜드, 스털링) 44
시드니 하버 브리지(오스트레일리아, 시드니) 14-16, 22
시오세폴 다리(이란, 이스파한) 27

ㅇ
아카시 해협 대교(일본, 고베) 42
악마의 다리(독일, 크롬라우) 24
안지 대교(중국, 허베이성) 33
알라미요 다리(에스파냐, 세비야) 24
에드먼드 페터스 다리(미국, 셀마) 59
에시마 대교(일본, 마쓰에) 26
에이타이교(일본, 도쿄) 44
외레순 다리(덴마크, 코펜하겐 - 스웨덴, 말뫼) 26, 52
우 베인 다리(미얀마, 아마라푸라) 27
유니언 다리(영국, 버윅어폰트위드) 35

ㅈ
자크 샤방 델마스 다리(프랑스, 보르도) 20
전접교(영국, 런던) 21
조지 워싱턴 다리(미국, 뉴욕) 19, 51

ㅊ
청양풍우교(중국, 청양) 26

ㅋ
카를교(체코 공화국, 프라하) 23, 34, 61
카이사르 다리(독일, 라인강) 32
카펠교(스위스, 루체른) 26
케슈아차카 다리(페루, 우인치리) 27
퀘벡교(캐나다, 퀘벡) 14, 16, 40, 44, 51
퀸 막시마 다리(네덜란드, 암스테르담) 42
클리프턴 현수교(영국, 클리프턴) 50

ㅌ
타르 다리(영국, 위디풀) 31
타워 브리지(영국, 런던) 22
타코마 내로스 브리지, 타코마 다리(미국, 타코마) 44
탄식의 다리(이탈리아, 베네치아) 35
트위스트 다리(노르웨이, 예브나케르) 42

ㅍ
페가수스 다리(프랑스, 베누빌) 59
포스교(스코틀랜드, 에든버러) 15-16, 24
폴커크 휠(스코틀랜드, 폴커크) 25
퐁네프 다리(프랑스, 파리) 35, 55
푸엔테 데 라 무헤르, 여인의 다리(아르헨티나, 부에노스아이레스) 41

ㅎ
하우라 다리(인도, 캘커타) 40
하틀랜드 다리(캐나다, 하틀랜드) 20
후사이니 다리(파키스탄, 후사이니) 25

감사의 말

지적인 대화 상대가 되어 주고 영감을 나눠 주었으며, 문학 작품의 차용을 기꺼이 허락해 준 많은 분께 도움을 받았습니다. 특히 오카무라 오사무, 이반 루스, 야쿠브 로지치카, 마틴 하비나, 페트르 슈테펙, 카렐 필샤크, 막달레나 데베로바, 야쿠브 킨츨, 레나타 온드라치코바, 즈데넥 스타섹, 슈테판카 세카니노바, 헬레나 하라슈토바, 라드카 피로에게 감사를 전합니다.

노먼 포스터 경에게 특별히 감사드립니다. 이 책에 실린 웅장한 미요교 사진은 포스터 + 파트너스, fosterandpartners.com의 친절한 허가를 받아 실었습니다.

인내심과 지원을 아끼지 않은 가족과 친구들에게도 감사의 인사를 전합니다. 다리는 이제 우리 삶에서 떼려야 뗄 수 없는 부분이 되었습니다.

무엇보다도 야쿠브 바초릭과 로만 하블리체 드림팀에게 감사의 마음을 전하고 싶습니다. 이 동료들이 없었다면 책을 완성하지 못했을 거예요!

출처 및 더 읽을 거리

다리라는 주제는 광범위하고 복잡합니다. 전 세계에 걸쳐 있는 주제기도 하죠. 책과 기사, 사진, 동영상을 통해 건축가, 엔지니어, 부모님, 친구들과 함께 다양한 언어로 된 다리 이야기를 만날 수 있습니다. 다리는 하루 나들이하기 좋은 곳이기도 합니다. 제가 이 책에 대한 정보를 어디서 얻었는지, 더 자세한 정보는 어디에서 찾을 수 있는지 궁금하시죠? 더 읽고 새로운 사실을 알아보세요. 휴대 전화로 옆의 큐알(QR)코드를 인식시키면 정보를 볼 수 있습니다.

BRIDGES

© Designed by B 4U Publishing, 2024
member of Albatros Media Group
Author: Magda Gargulákova
Illustrator: Jakub Bachorik
www.albatrosmedia.eu
All rights reserved.

Korean translation copyright © 2025 by Bookmentor Publishing Co., Ltd.
Korean translation rights arranged with Albatros Media Group
through EYA Co.,Ltd

이 책의 한국어판 저작권은 EYA Co.,Ltd를 통해 Albatros Media Group과 독점 계약한 (주)도서출판 북멘토가 소유합니다. 저작권법에 의하여 한국 내에서 보호를 받는 저작물이므로 무단 전재 및 복제를 금합니다.